"浙学大家"丛书

浙江省习近平新时代中国特色社会主义思想研究中心课题成果

实事疾妄

王充

吴　光　主编

白效咏　著

浙江人民出版社

图书在版编目（CIP）数据

实事疾妄：王充 / 白效咏著；吴光主编. -- 杭州：浙江人民出版社，2025.6. -- ISBN 978-7-213-11966-8

Ⅰ. B234.8

中国国家版本馆CIP数据核字第202559GJ05号

实事疾妄：王充

白效咏 著 吴 光 主编

出版发行：浙江人民出版社(杭州市环城北路177号 邮编 310006)

市场部电话：(0571)85061682 85176516

责任编辑：尚咪咪　　　　　　　　　责任校对：汪景芬

责任印务：程 琳　　　　　　　　　封面设计：厉 琳

电脑制版：杭州天一图文制作有限公司

印　　刷：杭州钱江彩色印务有限公司

开　　本：880毫米×1230毫米　1/32　　印　张：8.25

字　　数：162.1千字　　　　　　　　插　页：2

版　　次：2025年6月第1版　　　　　印　次：2025年6月第1次印刷

书　　号：ISBN 978-7-213-11966-8

定　　价：65.00元

"浙江文化研究工程成果文库"总序

　　有人将文化比作一条来自老祖宗而又流向未来的河，这是说文化的传统，通过纵向传承和横向传递，生生不息地影响和引领着人们的生存与发展；有人说文化是人类的思想、智慧、信仰、情感和生活的载体、方式和方法，这是将文化作为人们代代相传的生活方式的整体。我们说，文化为群体生活提供规范、方式与环境，文化通过传承为社会进步发挥基础作用，文化会促进或制约经济乃至整个社会的发展。文化的力量，已经深深熔铸在民族的生命力、创造力和凝聚力之中。

　　在人类文化演化的进程中，各种文化都在其内部生成众多的元素、层次与类型，由此决定了文化的多样性与复杂性。

　　中国文化的博大精深，来源于其内部生成的多姿多彩；中国文化的历久弥新，取决于其变迁过程中各种元素、层次、类型在内容和结构上通过碰撞、解构、融合而产生的革故鼎新的强大动力。

中国土地广袤、疆域辽阔，不同区域间因自然环境、经济环境、社会环境等诸多方面的差异，建构了不同的区域文化。区域文化如同百川归海，共同汇聚成中国文化的大传统，这种大传统如同春风化雨，渗透于各种区域文化之中。在这个过程中，区域文化如同清溪山泉潺潺不息，在中国文化的共同价值取向下，以自己的独特个性支撑着、引领着本地经济社会的发展。

从区域文化入手，对一地文化的历史与现状展开全面、系统、扎实、有序的研究，一方面可以借此梳理和弘扬当地的历史传统和文化资源，繁荣和丰富当代的先进文化建设活动，规划和指导未来的文化发展蓝图，增强文化软实力，为全面建设小康社会、加快推进社会主义现代化提供思想保证、精神动力、智力支持和舆论力量；另一方面，这也是深入了解中国文化、研究中国文化、发展中国文化、创新中国文化的重要途径之一。如今，区域文化研究日益受到各地重视，成为我国文化研究走向深入的一个重要标志。我们今天实施浙江文化研究工程，其目的和意义也在于此。

千百年来，浙江人民积淀和传承了一个底蕴深厚的文化传统。这种文化传统的独特性，正在于它令人惊叹的富于创造力的智慧和力量。

浙江文化中富于创造力的基因，早早地出现在其历史的源头。在浙江新石器时代最为著名的跨湖桥、河姆渡、马家浜和良渚的考古文化中，浙江先民们都以不同凡响的作为，在中华民族的文明之源留下了创造和进步的印记。

浙江人民在与时俱进的历史轨迹上一路走来,秉承富于创造力的文化传统,这深深地融汇在一代代浙江人民的血液中,体现在浙江人民的行为上,也在浙江历史上众多杰出人物身上得到充分展示。从大禹的因势利导、敬业治水,到勾践的卧薪尝胆、励精图治;从钱氏的保境安民、纳土归宋,到胡则的为官一任、造福一方;从岳飞、于谦的精忠报国、清白一生,到方孝孺、张苍水的刚正不阿、以身殉国;从沈括的博学多识、精研深究,到竺可桢的科学救国、求是一生;无论是陈亮、叶适的经世致用,还是黄宗羲的工商皆本;无论是王充、王阳明的批判、自觉,还是龚自珍、蔡元培的开明、开放,等等,都展示了浙江深厚的文化底蕴,凝聚了浙江人民求真务实的创造精神。

代代相传的文化创造的作为和精神,从观念、态度、行为方式和价值取向上,孕育、形成和发展了渊源有自的浙江地域文化传统和与时俱进的浙江文化精神,她滋育着浙江的生命力、催生着浙江的凝聚力、激发着浙江的创造力、培植着浙江的竞争力,激励着浙江人民永不自满、永不停息,在各个不同的历史时期不断地超越自我、创业奋进。

悠久深厚、意韵丰富的浙江文化传统,是历史赐予我们的宝贵财富,也是我们开拓未来的丰富资源和不竭动力。党的十六大以来推进浙江新发展的实践,使我们越来越深刻地认识到,与国家实施改革开放大政方针相伴随的浙江经济社会持续快速健康发展的深层原因，就在于浙江深厚的文化底蕴和文化传统与当今时代精神的有机结合，就在于发展先进生产力与发展先进文化的有机结合。今后一个时期浙江能否在全面建设小康社会、加快社会主义现代化建设进程中继续走在前列，很大程度上取决于我们对文化力量的深刻认识、对发展先进文化的高度自觉和对加快建设文化大省的工作力度。我们应该看到，文化的力量最终可以转化为物质的力量，文化的软实力最终可以转化为经济的硬实力。文化要素是综合竞争力的核心要素，文化资源是经济社会发展的重要资源，文化素质是领导者和劳动者的首要素质。因此，研究浙江文化的历史与现状，增强文化软实力，为浙江的现代化建设服务，是浙江人民的共同事业，也是浙江各级党委、政府的重要使命和责任。

2005 年 7 月召开的中共浙江省委十一届八次全会，作出《关于加快建设文化大省的决定》，提出要从增强先进文化凝聚力、解放和发展生产力、增强社会公共服务能力入手，大力实施文明素质工程、文化精品工程、文化研究工程、文化保护工程、文化产业促进工程、文化阵地工程、文化传播工程、文化人才工程等"八项工程"，实施科教兴国和人才强国战略，加快建设教育、科技、卫生、体育等"四个强省"。作为文化建设"八项工程"之一的文化研究工程，其任务就是系统研究浙江文化的历史成就和当代发展，深入挖掘浙江文化底蕴、研究浙江现象、总结浙江经验、指导浙江未来的发展。

浙江文化研究工程将重点研究"今、古、人、文"四个方面，即围绕浙江当代发展问题研究、浙江历史文化专题研究、浙江名人研究、浙江历史文献整理四大板块，开展系统研究，出版系列丛书。在研究内容上，深入挖掘浙江文化底蕴，系统梳理和分析浙江历史文化的内部结构、变化规律和地域特色，坚持和发展浙江精神；研究浙江文化与其他地域文化的异同，厘清浙江文化在中国文化中的地位和相互影响的关系；围绕浙江生动的当代实践，深入解读浙江现象，总结浙江经验，指导浙江发展。在研究力量上，通过课题组织、出版资助、重点研究基地建设、加强省内外大院名校合作、整合各地各部门力量等途径，形成上下联动、学界互动的整体合力。在成果运用上，注重研究成果的学术价值和应用价值，充分发挥其认识世界、传承文明、创新理论、咨政育人、服务社会的重要作用。

我们希望通过实施浙江文化研究工程，努力用浙江历史教育浙江人民、用浙江文化熏陶浙江人民、用浙江精神鼓舞浙江人民、用浙江经验引领浙江人民，进一步激发浙江人民的无穷智慧和伟大创造能力，推动浙江实现又快又好发展。

今天，我们踏着来自历史的河流，受着一方百姓的期许，理应负起使命，至诚奉献，让我们的文化绵延不绝，让我们的创造生生不息。

2006 年 5 月 30 日于杭州

"浙学大家"丛书总论

吴 光

一、引言

浙学概念的正式提出虽然始于南宋,但作为一种富有地域特色的学术文化形态则可以追溯到更远,大致萌芽于古越国而成形于秦汉时期的会稽郡时期。习近平同志在浙江工作期间,就很重视对浙学与浙江文化的研究,他曾多次到南孔圣地衢州调研考察,在2005年9月6日第五次到衢州调研时,曾指示:"衢州历史悠久,是南孔圣地,孔子文化值得很好挖掘、大力弘扬,这一'子'要重重地落下去。"2004年10月27日,习近平同志在致陈亮国际学术研讨会组委会的贺信中说:"陈亮是我国著名的爱国主义者,杰出的思想家、文学家。他创立的永康学派,强调务实经世,为'浙江精神'提供了重要的历史文化内涵。研究陈亮学说,就是要探寻浙江优秀文化传统,在研究浙江现象、总结浙江经验、提炼'浙江精神'方面取得创造性成果，为我省经济发展、社会进步、文化繁荣，提供重要的精神动力。"2006 年 3 月 28 日，习近平同志在致黄宗羲民本思想国际学术研讨会组委会的贺信中说："黄宗羲是我国明清之际杰出的思想家、史学家、文学家和教育家，是浙江历史上的文化伟人。他所具有的民主启蒙性质的民本思想，在中国思想文化史上产生了很大影响。"这些重要的贺信、讲话与指示，对于我们今天深入发掘浙学基本精神、开展"浙学大家"系列研究是有指导性意义的。

2023 年春，浙江省文史研究馆领导委托我主持编写《浙学与治国理政》一书，主要作者是我与张宏敏研究员。该书出版后，在政界、学界和企业界颇受关注。省委宣传部领导赞同浙学的理念，并积极支持省文史馆组织写作团队策划名为"浙学大家"丛书的项目。于是，文史馆领导召集了多次有馆员与工作人员参加的会议，并组成了汇合馆内外专家参与的项目团队。大家推举我任丛书主编，并遴选了王充、吕祖谦、陈亮、叶适、王阳明、刘宗周、黄宗羲、章学诚、章太炎、马一浮等十大浙学名家作为"浙学大家"丛书第一辑立传对象，各卷作者则分别选定由白效咏、徐儒宗、董平（兼陈亮、王阳明二卷）、何俊、张宏敏、吴光、钱茂伟、宫云维、邓新文等九位专家担任。之所以选这十大浙学名家，是因为王充是浙学史上第一个有系统哲学思想和政治思想的思想家，可视为"浙学开山祖"。吕祖谦、陈亮、叶适分别是南宋浙学鼎盛时期的主要代表，王阳明、刘宗周是明代浙学的领袖，黄宗羲、章学诚则是清代浙东经史学派的创立者和理论代表，章太炎可谓集大成的浙学宗师，马一浮则是富有中华文化自信的杰出代表，被誉为"现代新儒家三圣之一"。总之，这些思想家既是浙学的代表，又各具独立的思想体系。这个项目经文史馆申报后很快获得浙江文化研究工程领导小组评审通过，被列为省重大社科研究项目。后续还将进一步推进"浙学大家"丛书编写工作。

二、"浙学"的文化渊源与思想内涵

既然叫"浙学大家"丛书，不能不就浙学的内涵、外延及其发展脉络、基本精神、当代价值等问题作出较为系统的论述。先从浙学的文化渊源谈起。

浙学之名，虽然始于南宋朱熹，但浙学之实源远流长，甚至可以追溯到史前浙江距今约7000年的"河姆渡文化"与距今约5000年的"良渚文化"等文物遗存。

首先需要强调的是，浙学并不是孤立的存在，而是华夏文化，也即大中华文化中一个具有鲜明地域特色的重要分支。作为地域文化的重要分支，她从古越国时代就已发端，在汉唐时期已具雏形，而在北宋时期形成学派，在南宋时期走向鼎盛，历经元明清以至近现代，绵延不断。总之，浙学在宋元明清时代蓬勃发展，逐渐从文化的边缘走向中心，在中华文化发展史上起到了重要作用。在习近平新时代中国特色社会主义思想的指引下，随着浙江经济社会的长足发展和学术文化的日益繁荣，人们对隐藏在蓬勃发展背后的文化动力日益关注并进行了深层次的探讨。

　　从地域文化的历史看，浙江在古代属于吴越文化地区。吴、越地区包括现在的苏南、上海和浙江全境，自古以来就有着密不可分的文化联系。据历史文献记载，"吴""越"的称谓始于殷周之际。据《史记·吴太伯世家》《吴越春秋》《越绝书》等书记载，3100 多年前，周太王古公亶父的长子泰伯、次子仲雍，为了避让王位而东奔"荆蛮"，"自号勾吴"，"荆蛮义之，从而归之者千有余家，共立以为勾吴"①。后来，周武王伐纣胜利后，"追封太伯于吴"。到吴王阖闾时，国势强盛。其子夫差，一度称霸诸侯，国土及于今之江、浙、鲁、皖数省，后被越王勾践所灭，其地为越吞并。至于"越"之缘起，据史书所载，因夏禹死后葬于会稽②，夏后帝少康封其庶子于此，传二十余世而至允常、勾践父子，自立为越王，号"於越"（"於"读作"乌"）。其时吴越争霸，先是吴胜越败，后来越强灭吴，勾践称霸，再传六世而为楚所灭。

　　然而，作为诸侯国的吴、越虽然灭亡，但其所开辟的疆土名称及其文化习俗却一直传承发展至今。从地理而言，吴越分

―――――――――――

　①《吴太伯传》，见赵晔撰、薛耀天译注：《吴越春秋译注》，天津古籍出版社 1992 年版，第 4 页。勾（句）吴，在今江苏无锡境内。

　②相传夏朝始祖大禹卒后葬于会稽山麓。今浙江绍兴东南郊的会稽山麓有"大禹陵"建筑群，由禹陵、禹祠、禹庙三大建筑组成。大禹陵始建于明嘉靖年间，清康熙年间重修，20 世纪 90 年代又经绍兴市政府整修，现为全国重点文物保护单位。自 1995 年以来，当地政府每年都要举行公祭大会祭奠大禹。

属两地却有许多重叠,如"吴会",或指会稽一郡,又指吴与会稽二郡;如"三吴",既含吴地,又含越地,跨越今之江、浙、沪二省一市;如"吴山",却不在吴都(今属苏州)而在越地(今属杭州)。正如《越绝书·纪策考》所记伍子胥言"吴越为邻,同俗并土",以及同书《范伯》篇所记范蠡言"吴越二邦,同气共俗"。这说明吴、越地区的文化联系历来非常密切,其习俗也相当接近。这也是人们经常合称"吴越文化"的历史原因。

但严格地说,"吴越文化"是有吴文化与越文化的各自特色的。"吴文化"主要指苏南、上海地区的文化传承,"越文化"则主要是指今浙江地区的文化传承。考古发掘的材料已经确证:距今1万年左右的上山文化遗址①,距今8000年以上的跨湖桥文化(在今浙江杭州市萧山区境内)、距今7000年的河姆渡文化(在今浙江余姚市境内),以及稍后兴起的、距今4000—5000年的良渚文化(在今浙江余杭境内),以其在当时堪称先进的制陶、制玉工艺和打制、磨制、编制的石器、骨器、木器、竹器等生产工具、生活用具以及干栏式建筑,向全世界宣告了长江三角洲地区特别是浙江地区史前文明历史的悠久与发达。而在上古文明史上,浙江以其古越国、汉会稽郡、五代吴越国的辉煌历史著称于世。这一切,为浙江人文精神传统的形成及代表这个传统的"浙学"的形成提供了丰富厚重的历史依据。然而,

---

①上山文化遗址最早发现于浙江金华市浦江县上山村,属于新石器时代文化类型,距今8500—11000年。

从学术发展的脉络而言，作为一种具有地域文化特色的"浙学"的思想源头，可以追溯到东汉会稽郡上虞县的杰出思想家王充那里。我研究王充思想历有年所，于1983年6月发表的文章中概括了王充思想的根本特点是"实事疾妄"[①]，又于1993年10月在"全国首届陈亮学术研讨会"上明确提出"王充为浙学开山祖"[②]的观点。2004年，我在《简论浙学的内涵及其基本精神》一文中首次提出浙学内涵的狭义、中义、广义之别，拙文指出：

> 关于"浙学"的内涵，应该作狭义、中义与广义的区分。狭义的"浙学"（或称"小浙学"）概念是指发端于北宋、形成于南宋永嘉、永康地区以陈傅良、叶适、陈亮为代表的浙东事功之学；中义的"浙学"概念是指渊源于东汉、酝酿形成于两宋、转型于明代、发扬光大于清代的浙东经史之学，包括东汉会稽王充的"实事疾妄"之学、南宋金华之学、永嘉之学、永康之学、四明之学以及明代王阳明心学、刘宗周慎独之学和清代以黄宗羲、万斯同、全祖望为代表的浙东经史之学；广义的"浙学"概念即"大

---

①吴光：《王充学说的根本特点——"实事疾妄"》，载《学术月刊》1983年第6期。

②萧文在《全国首届陈亮学术讨论会综述》中指出，"对陈亮思想的渊源，前人无甚论说。吴光认为，首先是荀子，在先秦儒家中，他的富国强兵，关注现实的态度得到了陈亮充分的回应。其次是王充，作为浙学的开山祖，应该是陈亮思想的一个源头"。参见永康市陈亮研究会编：《陈亮研究论文集》，杭州大学出版社1994年版，第212页。

浙学"概念，指的是渊源于古越、兴盛于宋元明清而绵延于当代的浙江学术思想传统与人文精神传统。这个"大浙学"，是狭义"浙学"与中义"浙学"概念的外延，既包括浙东之学，也包括浙西之学；既包括浙江的儒学与经学传统，也包括浙江的佛学、道学、文学、史学、方志学等人文社会科学传统，甚至在一定意义上涵盖了有浙江特色的自然科学传统。当然，"大浙学"的主流，仍然是南宋以来的浙东经史之学。①

我之所以将王充判定为"浙学开山祖"和中义浙学的源头，首先是因为王充是浙江思想文化史上第一个建立了系统的哲学理论、形成了思想体系的思想家。他的"实事疾妄"的学术宗旨代表了务实、批判的实学精神，"先富后教"②的治理主张代表了民生为重的民本精神，"文为世用"③的主张则体现了经世致用的实学精神，"德力具足"的"治国之道"④体现了一种儒

---

① 吴光：《简论"浙学"的内涵及其基本精神》，载《浙江社会科学》2004年第6期。

② "先富而后教"的思想，见《论衡·问孔篇》中引用孔子答学生冉求之语。尽管王充认为此语与孔子答子贡"去食存信"的思想有矛盾，但显然王充是主张"富而后教"观点的。

③《论衡·自纪篇》曰："（文）为世用者百篇无害，不为用者一章无补。"这句话强调文章须为世用，正是一种"经世致用"的观念。

④《论衡·非韩篇》曰："治国之道，所养有二：一曰养德，二曰养力。养德者，养名高之人，以示能敬贤；养力者，养气力之士，以明能用兵。此所谓文武张设，德力具足者也。"显然这是儒法兼治的政治思想。

法兼容的多元包容精神。而这些正是宋元明清乃至近现代薪火相传的"浙学"基本精神。其次，王充的《论衡》及其"实事疾妄"思想极大地影响了后世学者、思想家，尤其是浙学家。我曾系统检索《四库全书》电子版等工具书，竟有重大发现可以佐证"王充是浙学开山祖"观点：非浙籍名家中，有范晔、韩愈、王夫之、顾炎武、方以智、惠栋等数十人引用了《论衡》。浙籍名家中，则有高似孙、毛晃、吕祖谦、王应麟、黄震、方孝孺、黄宗羲、万斯同、陆陇其、朱彝尊、胡渭等名家引用了《论衡》。比如，南宋文献大师、鄞县人王应麟引《论衡》十一条，其《玉海》卷五十八《越纽录》云："王充《论衡》，吴君高之《越纽录》，周长生之《洞历》，刘子政、杨子云不能过也。"黄宗羲的高足、鄞县万斯同著《儒林宗派》，卷三将"王充，班彪门人"列为"诸儒兼通五经"者。清初浙西名儒如萧山人毛奇龄、德清人胡渭、平湖人陆陇其、嘉兴人朱彝尊等都多处征引王充《论衡》以伸其说。上述《四库全书》著者引用《论衡》的史料足以证明，王充及其《论衡》在中国学术思想史和浙江思想文化史上确有巨大影响，因此，我们誉之为"浙学开山祖"并不为过。

虽然王充本人影响较大，但王充时代并没有形成人才济济的"浙学"学派。"浙学"的直接源头还是北宋初期在湖州府因讲学闻名而被延请至太学讲学的安定先生胡瑗。诚如全祖望《宋元学案·士刘诸儒学案》叙录中所言："庆历之际，学统四起"，其中浙东、浙西之学"皆与安定湖学相应"，说明湖学是浙学的直接源头。但浙学的兴盛还是在永嘉、永康、金华、四明之学异军突起的南宋。到了明代中后期，以王阳明为宗主的姚江学派不仅遍及两浙，而且风靡全国，确立了良知心学。而在明清之际，刘宗周的慎独之学独树一帜，形成了涵盖两浙的蕺山学派；其高足弟子黄宗羲接踵而起，力倡重视经世实践的"力行"实学，开创了具有民主启蒙性质和实学特征的浙东经史学派，从而使"浙学"升华到深刻影响中国思想潮流的地位，成为推动近代思想解放和民主革命运动的思想大旗。

三、"浙学"的演变与学派分合

（一）"浙学"内涵的延伸与扩展

过去，在论及浙江学术文化时，谈得较多的是"浙东学派"与"浙东史学"，而忽略了起源更早的"浙学"之说。究其原委，盖因清代浙东史学家章学诚写了一篇题名《浙东学术》的文章，近代学术大师梁启超在20世纪初撰写了《清代学术概论》与《中国近三百年学术史》这两部名著，极力推崇"浙东学派"和"浙东史学"。

其实，"浙学"比"浙东学派"的概念要早出现400多年。最早是由南宋理学家朱熹（1130—1200）提出，而"浙东学派"的概念则始见于清初大儒黄宗羲（1610—1695）的著作。

朱熹论"浙学"，一见于《晦庵集》卷五十《答程正思书》，曰："浙学尤更丑陋，如潘叔昌、吕子约之徒，皆已深陷其中。不知当时传授师说，何故乖讹便至于此，深可痛恨！"再见于门人黎靖德编《朱子语类》，曰："江西之学（指陆九渊心学）只是禅，浙学（指永嘉、永康之说）却专是功利。禅学，后来学者摸索一上，无可摸索，自会转去。若功利，则学者习之便可见效，此意甚可忧。"[1]可见朱熹论浙学相当偏颇。然其论虽偏，但他最早提出"浙学"名称之功是不可抹杀的。

明代中期以后，阳明心学风靡两浙，"浙学"获得正面评价。时任浙江提学副使的福建晋江人刘鳞长编著《浙学宗传》一书，共立案44人，其中浙籍学者39人，非浙籍5人。其长在于涵盖了"两浙诸儒"，并将王阳明心学人物入传，已粗具"大浙学"的框架。然失之于简略，有以偏概全之弊。

"浙东学派"的概念首见于黄宗羲。黄宗羲在《移史馆论不宜立理学传书》一文中首次使用了"浙东学派"一词，他在该文批评当时明史馆修史诸公所传《修史条约·理学四款》之失，驳斥其所谓"浙东学派，最多流弊"之言说："有明学术，白沙（陈献章）开其端，至姚江（王阳明）而始大明。……逮及先师蕺山（刘宗周），学术流弊，救正殆尽。向无姚江，则学脉中绝；向无蕺山，则流弊充塞。凡海内之知学者，要皆东浙之所衣被也。今忘其衣被之功，徒訾其流弊之失，无乃刻乎！"[2]在

---

[1]《陈君举》，见黎靖德编、王星贤点校：《朱子语类》第八册，中华书局1994年版，第2967页。

[2]黄宗羲：《南雷诗文集·移史馆论不宜立理学传书》，见沈善洪主编、吴光执行主编：《黄宗羲全集》第十册，浙江古籍出版社2005年版，第221页。

这里，黄宗羲明确说明史馆诸臣已经批评了"浙东学派"的"流弊"（可见"浙东学派"一词的最早提出者应早于黄宗羲），并把王阳明心学和刘蕺山慎独之学归入浙东学派，等于建立了明清浙学的学术统系。据考证，黄氏还在明崇祯年间汇编过一部集数十名浙东学者著作于一编的《东浙文统》若干卷。但黄宗羲所谓学派，指的是学术脉络，并非现代意义的学派，他对"浙东学派"的理论内涵也未作出界定。

黄宗羲之后，首先是作为"梨洲私淑"的全祖望在所撰《宋元学案》中对"浙学"的内涵作了外延，并对浙学作了肯定性评价。如他在《宋元学案·士刘诸儒学案》叙录中称：

> 庆历之际，学统四起，齐、鲁则有士建中、刘颜夹辅泰山而兴；浙东则有明州杨、杜五子、永嘉之儒志、经行二子，浙西则有杭之吴存仁，皆与安定（胡瑗）湖学相应。[1]

此外，全氏在《周许诸儒学案》叙录中称"浙学之盛，实始于此（指永嘉九先生）"，在《北山四先生学案》叙录中称赞金华四先生（何基、王柏、金履祥、许谦）为"浙学之中兴"，在《东发学案》叙录中将四明朱学传人黄震归入"浙学"之列，

---

[1]全祖望：《宋元学案·士刘诸儒学案》，见沈善洪主编、吴光执行主编：《黄宗羲全集》第三册，浙江古籍出版社2005年版，第316页。

赞其"足以报先正拳拳浙学之意"。全祖望的"叙录"说明了三点：第一，他所说的"浙学"主要是指"浙东之学"，但也包括了"浙西之学"（如杭之吴存仁属浙西），其内部各派的学术渊源和为学宗旨不尽一致，但有共同特色；第二，他认为"浙东之学"与"浙西之学"的学术渊源，都与宋初大儒胡安定（瑗）在湖州讲学时形成的"湖学"相呼应。显然，在全祖望看来，安定"湖学"也属于"浙学"范围，而胡瑗湖学的根本宗旨就是"明体达用"；第三，"浙学"在当时的地位，堪与齐鲁之学、闽学、关学、蜀学相媲美，而且蔚为一大学统，对于宋、元学风有开创、启迪之功。

全祖望之后，乾嘉时代的浙东学者章学诚在《文史通义·浙东学术》中论述了"浙东之学"与"浙西之学"的异同，并分析了各自的学术渊源。他说：

> 浙东之学，虽出婺源，然自三袁之流，多宗江西陆氏，而通经服古，绝不空言德性，故不悖于朱子之教。至阳明王子，揭孟子之良知，复与朱子抵牾。蕺山刘氏，本良知而发明慎独，与朱子不合，亦不相诋也。梨洲黄氏，出蕺山刘氏之门，而开万氏弟兄经史之学；以至全氏祖望辈尚存其意，宗陆而不悖于朱者也。……世推顾亭林氏为开国儒宗，然自是浙西之学。不知同时有黄梨洲氏，出于浙东，虽与顾氏并峙，而上宗王、刘，下开二万，较之顾氏，源远而流长矣。顾氏宗朱，而黄氏宗陆。盖非讲学专家，各

持门户之见者，故互相推服，而不相非诋。学者不可无宗
主，而必不可有门户；故浙东、浙西，道并行而不悖也。
浙东贵专家，浙西尚博雅，各因其习而习也。……浙东之
学，言性命者必究于史，此其所以卓也。

在章学诚看来，"浙东之学"与"浙西之学"的学术渊源及
其学风虽有所不同，但都是儒家之学，其根本之道是可以并行
不悖、互相兼容的。

如果说宋元学者眼中的"浙学"仅限于金华、温州地区的
"婺学"与"永嘉、永康之学"的话，那么明末清初的黄宗羲、
全祖望已经将"浙学"的地域延伸到宁波、绍兴等大浙东地区，
而且所包含的学术流派也不限于"婺学"与"永嘉、永康之
学"，而是包括了"庆历五先生"、"甬上四先生"（即所谓"明
州学派"）以及姚江学派与蕺山学派。及至章学诚，他在《浙
东学术》中强调"浙东、浙西，道并行而不悖"的特色，这实
际上已是"大浙学"的观念了。

自章学诚以后，近现代以至当代的许多学者，从章炳麟、
梁启超、钱穆、何炳松、陈训慈到陈荣捷、金毓黻、杜维运、
何冠彪、詹海云，以及当代浙江籍的众多学者（如北京的方立
天、陈来、张义德，上海的冯契、谭其骧、潘富恩、罗义俊、
杨国荣，南京的洪焕椿，杭州的仓修良、王凤贤、吴光、董平、
何俊，宁波的管敏义，金华的黄灵庚，温州的周梦江，等等），
都发表过有影响的学术论著，从各个角度研讨、评论"浙学"

"浙东学派""浙东学术"的理论内涵、历史沿革、学术脉络、思想特色、根本精神、研究成果等问题，从而把对"浙学"的研究推向了一个"百花齐放，推陈出新"的新阶段。

那么，我们在当代应该如何定位"浙学"的思想内涵？我在上述《简论"浙学"的内涵及其基本精神》等文中，已经明确区分了"浙学"内涵的狭义、中义与广义之不同。

我认为，我们在总结浙江学术思想发展史时，必须对狭义、中义与广义的"浙学"分别加以系统的研究与整理，但站在当今建设浙江文化大省的立场上，则应采取广义的"浙学"概念，不但要对两浙经史之学作系统的研究，也要对浙江文学、艺术、科学、宗教等作系统的全方位的研究，而不应仅仅局限于"浙东学派"或"浙东史学"的视野。

如果从广义的"大浙学"视野观察与反思浙江的学术文化传统，那么显而易见的是，所谓"浙学"，是多个学派"和齐斟酌，多元互补，互相融通"而形成的一种地域性学术格局与学术传统，这个学术格局虽然异见纷呈，但也培养了共通的文化精神。

事实上，浙江这块土地虽有浙东、浙西之分，但仅仅一江之隔，从人文传统上无法将其截然分开或将两者对立起来。在浙江学术史上，浙东、浙西往往是你中有我、我中有你、关系密切、互相影响的。因此，我们在当代应当坚持"广义浙学"的研究方向。

（二）浙学的学派与人物

浙江在北宋以前，虽有名家（如王充、虞翻），但无学派。而自北宋以至民国，浙江大地名家辈出，学派林立，可谓盛矣。

1.北宋浙学

北宋浙学首推胡瑗与湖学。北宋初年，号称"宋初三先生"之一的安定先生胡瑗在湖州讲学，创立了"湖学"。

据《宋史·胡瑗传》记载，胡瑗以经术教授吴中（苏州），受到范仲淹的推荐，后教授湖州，教人有法，严守师弟子之礼。庆历中，兴太学，朝廷下湖州取其教学法树为典范。他在太学讲学，学舍至不能容。礼部所得士，瑗弟子十常居四五。《宋元学案·安定学案》"胡瑗"小传记载，胡瑗"以明体达用之学教诸生"，"始于苏、湖，终于太学。出其门者无虑数千余人"，其佼佼者如程颐、刘彝、范纯仁、钱公辅等，皆其太学弟子也。[①]

次推明州"庆历五先生"。杨适、杜醇、王致、王说、楼郁五子，以经史、实学为圭臬，传承发展儒学。

此外，二程弟子游酢在萧山，杨时在余杭、萧山从政期间也有讲学活动，故程颢有"吾道南矣"之叹。于是，以二程洛学为主的理学分别在浙西（杭州）、浙东（明州、永嘉）都有

---

① 黄宗羲等：《宋元学案·安定学案》"胡瑗"小传，见沈善洪主编、吴光执行主编：《黄宗羲全集》第三册，浙江古籍出版社2005年版，第55—57页。

传播。

2.南宋浙学

以陈傅良、叶适为代表的永嘉学派，以陈亮为代表的永康学派，以吕祖谦为代表的金华婺学，以北山四先生何基、王柏、金履祥、许谦为代表的金华朱学，以浙东甬上四先生杨简、袁燮、舒璘、沈焕为代表的四明心学，形成南宋浙学之盛。

3.明代浙学——王阳明与姚江学派

王阳明一生活动足迹几乎遍及中国，其讲学活动也遍布大江南北，形成了姚江学派。姚江学派共有王门八派，其中浙中王门包括徐爱、钱德洪、王畿、季本、黄绾、董澐、陆澄等约20人。

4.明末刘宗周与蕺山学派

以明末大儒刘宗周为领袖的蕺山学派，其著名弟子有祁彪佳、张应鳌、刘汋、董瑒、黄宗羲、邵廷采、陈确、张履祥等35人。

5.黄宗羲与清代浙东经史学派

清代浙东经史学派的领袖人物是黄宗羲，其代表人物包括：以经学为主兼治史学的黄宗炎、万斯大，以史学为主兼治经学的万斯同、邵廷采、全祖望、章学诚，经史兼治而偏重文学的李邺嗣、郑梁、郑性，偏重历算的黄百家、陈訏、黄炳垕，偏重考据的邵晋涵、王梓材。

6.张履祥与清初浙西朱学

张履祥是刘宗周弟子，也是从蕺山学派分化而来的清初浙西朱学的领袖人物，其代表人物有吕留良、陆陇其等。

7.乾嘉考据学在浙江的展开

乾嘉考据学在浙江的代表主要是胡渭、姚际恒、杭世骏、严可均等，他们在文献辑佚、学术考辨方面各有贡献。

8.近现代浙学

近现代浙学名家辈出，有龚自珍、黄式三、黄以周、俞樾、孙诒让、章太炎、王国维、马一浮等经学家，他们在传承浙学人文传统、经典诠释与古籍整理方面各自作出了重要贡献。

四、浙学的基本精神与当代启示

在经历千百年的磨合过程中，浙学各派逐渐形成了一些共通的人文精神传统。这种人文精神是从王充到陈亮、叶适、吕祖谦、王阳明、黄宗羲、全祖望、章学诚以至近现代的龚自珍、章太炎、蔡元培、马一浮等著名浙江思想家都一致认同的文化精神。

那么，浙学的基本精神是什么呢？我曾在《简论"浙学"的内涵及其基本精神》一文中将它概括为"民本、求实、批判、兼容、创新"五个词、十个字，又在《论浙江的人文精神传统及其在现代化中的作用》一文中从五个方面概述了浙学人文精神的主要内容，即"一、'天人合一，万物一体'的整体和谐精神；二、'实事求是，破除迷信'的求实批判精神；三、'经世致用，以民为本'的实学精神；四、'四民同道，工商皆本'的人文精神；五、'教育优先、人才第一'的文化精神"。

我认为，在历代浙学家中，最能代表浙学基本精神的有五大家的五大名言。

一是王充的"实事疾妄"名言。"浙学开山祖"王充在回应人们对其写作《论衡》宗旨的疑问时说："《论衡》实事疾妄，无诽谤之辞"（见《论衡·对作篇》）。这充分体现了浙学坚持实事求是、反对各种虚妄迷信的务实批判精神。

二是叶适的"崇义养利"名言。叶适针对董仲舒名言"仁人者正其谊不谋其利，明其道不计其功"批判说："'仁人正谊不谋利，明道不计功'，此语初看极好，细看全疏阔。古人以利与人而不自居其功，故道义光明。后世儒者行仲舒之论，既无功利，则道义者乃无用之虚语尔。"①因此，叶适究心历史，称古圣人唐、虞、夏、商之世，能够"崇义以养利，隆礼以致力"②，是真正的"治道"。

三是王阳明的"知行合一"名言。王阳明说："知之真切笃实处即是行，行之明觉精察处即是知，知行工夫本不可离。……真知即所以为行，不行不足谓之知。"③这是王阳明"知行合一"说的基本论述。

四是黄宗羲的"经世应务"名言。黄宗羲主张"学必原本

---

①叶适：《习学记言》卷二十三，上海古籍出版社1992年版，第201页。

②杨士奇编：《历代名臣奏议》卷五十五引叶适《士学上》语。

③王阳明：《传习录中》，见王守仁撰、吴光等编校：《王阳明全集》上册，上海古籍出版社2012年版，第37页。

于经术而后不为蹈虚，必证明于史籍而后足以应务"①、"经术所以经世"②。在著名的《明夷待访录》中，黄宗羲明确提出了"天下为主，君为客"的命题，从而使其民本思想提升到了"主权在民"的民主启蒙高度，并影响到清末民初的民主启蒙运动。

五是蔡元培的"兼容并包"名言。浙学传统从王充以来，就有一种多元包容、兼收并蓄的思想特色。蔡元培从小就受到浙学传统的熏陶，在其思想深处就有一种多元包容的思想倾向。因此，他在辛亥革命后接掌北京大学校长时，提出了"思想自由，兼容并包"的办校方针，从而使北京大学成为包容多元、引领近现代思想解放潮流的新型教育阵地。

以上总结的五个词、十个字、五大精神、五大名言，就是我对浙学人文精神和历代"浙学大家"基本精神的概括性总结。在这一认识的基础上，我们进一步深入探讨浙学的当代价值与启示，也有五点值得借鉴发扬。

第一，浙学中"天人合一，万物一体"的整体和谐精神，启示我们要实现的中国式现代化必须是低碳、绿色、人与自然和谐相处的，而非将人与自然置于对立斗争地位的物本主义的

---

①全祖望：《甬上证人书院记》，见全祖望原著、黄云眉选注：《鲒埼亭文集选注》，齐鲁书社1982年版，第347页。

②全祖望：《梨洲先生神道碑文》，见全祖望原著、黄云眉选注：《鲒埼亭文集选注》，齐鲁书社1982年版，第105页。

二元对抗境地。所以，我们必须避免陷入"征服自然"式的斗争哲学思维。近年来，气候日益变暖，甚至出现40度以上的连续高温天气，使我们深切感受到气候变暖趋势的可怕与危害，也更促使我们要努力设法保持人与自然和谐相处的必要性与紧迫性。

第二，"以人为本，人民至上"的民本精神。这是以人民利益为最高利益的民本主义论述，是古越国"十年生聚，十年教训"从而由弱变强战胜强吴的法宝，也是在中国式现代化实践中经历40年艰苦奋斗，使资源贫乏的浙江成为经济大省的一大政策法宝，更是今后几十年建设共同富裕示范区的战略法宝，值得我们继承发扬光大。

第三，"自强自立，开拓创新"的创业精神。这尤其体现在温州人"敢为天下先"的创业精神以及义乌人建设小商品市场的创业开拓精神上。这一点一直是温州、义乌、宁波、龙游、湖州等地浙商的优良传统，值得发扬光大。

第四，"实事疾妄"的求实批判精神，这是浙学家留给我们的科学思维方法。浙学传统中，从王充到陈亮、叶适、王阳明、黄宗羲以至章太炎、马一浮，都是富有求实批判精神的大家。我们在实现新时代的中国式现代化、实现中华民族伟大复兴的实践中，尤其需要坚持实事求是、反对弄虚作假、批判各种不切实际的虚妄迷信。

第五，"多元和谐，兼容并包"的精神。改革开放以来的实践证明，坚持改革开放的基本国策，能让我们的社会主义现代化事业实现长足发展。可以说，"改革开放，多元包容"，是我们不断从胜利走向新胜利的政策法宝。

上述五个方面构成一个有机的思想整体，在这个思想整体中，"万物一体"是我们的宇宙观，"以人为本"是制定政策的根本前提，是一切工作的出发点；"实事疾妄"是必须坚持的思想路线，是民族精神的脊梁；"开拓创新，多元包容"既是科学的思维方式，也是创业者必备的人文素质，是建设现代化新浙江的政策法宝。近40年来，我在多家报纸杂志和各种学术讲座中发表了多篇文章，论浙学文化观与科学发展观的关系。我认为，科学发展观的根本精神包含着三大要素：一是"以人为本"的人文精神，人是最重要的，一切为人民的根本利益着想，这是中国共产党人的根本出发点；二是"实事求是"的务实精神，在任何工作中都必须坚持"实事求是"的思想路线，才能做到无往不胜；三是"多元包容"的和谐精神，这是一种全面开放、深化改革、包容多元、追求和谐的精神，而不是一元的封闭主义。这也算是我论浙学的一得之见吧。

上述五点启示在根本上体现了浙学的人文精神传统。这个精神传统落实到社会实践中，就转化为"改天换地、建功立业"的巨大物质力量。浙江人民在现代化建设中之所以能取得伟大成就，与浙江的历史文化、思想传统是密不可分的。现在的社会主义现代化是一项前人未曾从事过的伟大事业，不仅吸收了中华优秀传统文化的精华，也吸收了全人类优秀文化的精华。我们在建设人文浙江、和谐浙江、现代浙江的过程中，必须充分发掘浙江人文思想的深厚资源，同时面向全世界，坚持多元和谐发展，真正提供服务于中华民族伟大复兴的文化软实力。

综上所述，浙学作为一种富有特色、充满活力的地域文化形态，是中华文化大厦的重要组成部分，她不但在历史上促进了社会文明进步，而且在当代中国现代化的实践中，仍然具有强大的精神感召力和实践推动力。我们应当倍加珍惜这份资源，并使之发扬光大，日臻完善。

2024 年 9 月 3 日草成于杭州

目　录

前　言

在中国历史上，浙江是文化最为发达的地区之一，号称"人文渊薮"。但是，浙江真正融入中原主流文化圈的时间并不早，大致在汉武帝时期。汉武帝接受公孙弘和董仲舒的建议，不仅立儒学为官学，还在全国各郡县推行儒学教育，将浙江纳入中原儒学文化圈。

在此之前，江浙地区属于吴越文化，与以礼乐文明为代表的中原诸夏文化有较大的差异，从习俗到语言都不相同。《吕氏春秋·贵直论》对这一差异有精到的概括："夫齐之与吴也，习俗不同，言语不通，我得其地不能处，得其民不得使。夫吴之与越也，接土邻境，壤交通属，习俗同，言语通，我得其地能处之，得其民能使之。越于我亦然。"齐是太公之国，属于中原诸夏文化圈的核心国家。吴、越之间文化相同，与齐则差异很大。那时的吴越大地仍处在"断发文身，饭稻羹鱼"的阶段，王充在《论衡·恢国篇》中形容吴、越之俗也说"吴为荒服，越在九夷，屩衣关头""被发椎髻"，穿的都是贯头的屩衣（毛织物制成的衣服），头发或披散、或盘成椎形发髻，这都显示了与中原诸夏文化的巨大差异。汉武帝初继位，东越内部发生战乱，汉武帝派遣汲黯前往视察情况，汲黯至吴而还，报曰："越人相攻，固其俗然，不足以辱天子之使"①可见，那时的浙江还被视为蛮夷之地，属于文化落后地区。

春秋末期，计然、范蠡、文种入越，为越国带来了先进的文化，其特点是以积蓄为本、明察天时地理、重视工商贸易，就总体而言，属于富国强兵、经世致用之术，当然也包含一些尊贤爱民的思想。从某种程度上说，计然、范蠡、文种为越国文化注入了新的基因，那就是求实致用的精神：追求事功、实用，几乎没有内在的道德性命的东西，属于工具理性。这种文化基因对越地产生了深远影响，对于一个在文化上处于蒙昧状态的蛮夷之地来说，第一次文化输入总是影响最深、刻骨铭心的。吴光先生提出，"广义的'浙学'概念即'大浙学'概念，指的是渊源于古越、繁荣兴盛于宋元明清而绵延泽惠于现当代的浙江学术思想传统与人文精神传统"②。浙学之源头，当即在此。

从汉武帝推行儒学教育开始到东汉初年，浙江的儒学教育已经较为普及。西汉末年，严光等人便已入太学读书。东汉初年，王充所在的上虞，接受启蒙教育的学童达百人以上。尽管缺乏当时每个县的具体数据，但窥一斑而知全豹，由此可以了解浙江儒学教育的普及程度。这一时期，浙江涌现出不少知名文人，如严氏家族的严忌、严助、严光，还有吴平、赵晔、王

①　司马迁撰：《史记·汲郑列传》，中华书局1982年版，第3105页。
②　吴光：《简论"浙学"的内涵及其基本精神》，载《浙江社会科学》2004年第6期。

充和被王充多次称道的周长生等。但毫无疑问，王充的崛起具有特殊意义，他真正改变了浙江地区在全国思想文化领域的地位，使浙江第一次有了在全国思想学术界产生重大影响的人物。

在中国古代思想文化史上，王充是划时代的大家，他高举"实事疾妄"的旗帜，以"效验"和"考于心"为基本方法，对战国秦汉以来的天人相与之际理论、民间迷信思潮、书记经传所载之谬误、经学之穿凿附会做了一次系统的清算，《论衡》便是这次清算的结果。胡应麟在《少室山房笔丛》中评价王充说，"秦、汉以还圣道陆沉，淫词日炽，庄周、列御、邹衍、刘安之属捏怪兴妖，不可胜纪，充生茅靡澜倒之辰，而独炭然自信，攘臂其间，划虚黜增，订讹斩伪，诐淫之旨，遏截弗行，俾后世人人咸得藉为口实，不可谓非特立之士也"[①]，充分肯定了王充在思想文化领域作出的杰出学术贡献。王充的贡献，在于其独立的精神和学术原创性，这两点是同时代的其他学者无法取代的，也奠定了王充在浙学史乃至中国古代思想文化史上的地位。

王充的思想还对后世产生了深远影响，特别是其破除迷信思潮的理念。东晋戴逵即继承王充的反迷信思想，反对佛教因果报应、生死轮回之说。他在王充性命说的基础上，提出"分命论"，认为人的贤愚善恶、富贵穷通、命短命长，均有分命，

---

① 胡应麟撰：《少室山房笔丛·九流绪论》，上海书店出版社2009年版，第275页。

而分命的决定在"资二仪之性以生，禀五常之气以育"①之时，和人后天的行为没有关系。他还以自身遭际为例，驳斥了佛教的因果报应说，其思想与王充高度一致。此外，戴逵继承了王充在形与神的关系上对神不灭说的思想批判，其残存的《流火赋》即用王充以火喻人之精神的理论，反驳神脱离形体而独存的说法。继之而起的是南朝范缜。受王充"天下无独燃之火，世间安得有无体独知之精"（《论衡·论死篇》）的启发，范缜将形与神的关系比作刀与锋的关系，"未闻刀没而利存，岂容形亡而神在"②。清人熊伯龙即指出范缜这一思想"与仲任同意"③。受王充影响最大的当是熊伯龙本人，他撰有《无何集》，这本书的本名就叫《论衡精选》。他还全面继承王充反对鬼神、反对因果报应以及反对天人相与之际理论的思想，目的也是希望将人们从迷信鬼神福报的迷雾中唤醒。此外，王充作为浙学先驱，其通经致用的思想对浙学的主要流派事功学派也有影响：从叶适、陈亮等人经世致用的思想中，都能看出王充的些许影子。

王充作为浙学史上里程碑式的人物，他的思想也是中华民族优秀传统文化的重要组成部分，在今天看来仍可以给我们许多有益的启示。在当时今文经学占据统治地位的情况下，他坚持对今文学家空疏的学风和穿凿附会的理论体系展开尖锐的批

---

① 严可均校辑：《全上古三代秦汉三国六朝文·全晋文》，中华书局1958年版，第2251页。

② 姚思廉撰：《梁书·儒林列传》，中华书局1973年版，第666页。

③ 熊伯龙：《无何集·鬼神类》，中华书局1979年版，第119页。

判，不向错误思想低头。同时，对思想理论界权威孔子、孟子、韩非子、董仲舒等敢于问难，并指出他们学说中不自洽或错误的地方，显示了王充独立的精神。他主张"实事疾妄"，对典籍所载、世俗所传的虚假事物、错误理论、迷信思潮痛加批判，承担起正风易俗的道义责任。王充曾说过，"故夫贤人之在世也，进则尽忠宣化，以明朝廷；退则称论贬说，以觉失俗。俗也不知还，则立道轻为非"（《论衡·对作篇》）。称论贬说，就是贤者通过评论社会是非，给人们以正确的引导，使其迷途知返。如果贤者的努力未能奏效，大众没有从错误中醒悟过来，那么贤者做官时当为社会树立正确的是非标准，即"立道"；不做官时就要抨击错误言行，即"轻为非"。王充著《论衡》，就是为社会建立正确的是非标准。他独立的精神和道义担当，是中华民族"士的精神"的重要组成部分，值得我们致敬和学习。

此外，王充在人才观方面坚持德才兼备、以德为先，对有才无德的佞人和不修德行唯求技艺的俗吏予以严厉的批判。他称赞儒者以道为本，又批评儒者死读经书，他主张的是博览百家，做德艺双修的鸿儒通人。

当然，受时代和自身经历、见识的限制，王充的思想学说也不可能尽善尽美。他一面大力破除迷信思潮，一面又笃信命运，坚信性与命皆定于初禀即人的胚胎刚刚形成之时，又相信骨相之说，这些都体现了他认识的局限性。他褒美家乡、颂扬汉朝，其情可悯，但是他不顾事实地吹捧汉朝，认为汉朝度越百代，无疑既违背了他所倡导的实事疾妄精神，又难免有谄媚之嫌。不过，这些都是白璧微瑕，不足以掩其思想学说的熠熠光辉。

"浙学大家"丛书，选取10位在浙江思想文化史上作出杰出贡献的学者，介绍他们的生平和学术思想。王充作为开篇人物，是当之无愧的。按照丛书统一规划，这本小书从王充的生平经历、学术思想特点、学术体系、历史影响与当代价值等四个方面来呈现其人生和学术思想，并重点剖析其学术思想对今天的借鉴作用。为兼顾学术性和通俗性，在阐释王充思想时，本书尽量以深入浅出的方式、简单易懂的语言表述。无疑，这对习惯于学术写作的笔者来说是一次不小的挑战。

由于笔者水平有限，书中疏漏和不足之处在所难免，期待方家与读者赐正。

第一章 | 王充的生平经历

在浙江学术思想史上，王充是开创性的人物，也是划时代的人物。他一生留下大量著述，涉及领域十分广泛，被称为"浙学开山祖"。

王充（27—约97），字仲任，会稽上虞（今属浙江绍兴）人，东汉初年浙江地区具有深远影响的著名思想家。王充一生留下大量著述，涉及领域十分广泛，既有批判世态炎凉、趋炎附势，申明为人处世基本原则的《讥俗》《节义》12篇，也有专门讲州郡治理要道的《政务》之书。此外，王充针对古圣先贤学说在流传过程中出现的谬误作有《实论》，以绳偏纠谬；又作有《备乏》《禁酒》2篇奏记，反对铺张浪费的奢靡之风，主张民间禁酒以备荒年饥岁。他晚年又作《养性》16篇，专门讲养生之道，以益寿延年。这些作品都已亡佚，流传下来的只有《论衡》85篇，其中《招致篇》仅存篇目。

《论衡》能够流传下来，得益于蔡邕和王朗两人。在王充生前身后的一段时间里，他的著作流传并不广，甚至没有到中原地区。汉灵帝熹平六年（177），蔡邕因灾异受诏上封章言事。在奏章中，蔡邕激烈地批评了当时祸乱朝政的宦官集团以及依附他们的三公大臣，指斥三公主持的察举、辟召不公，所举荐的多是趋炎附势的投机分子，并劝灵帝斥退他们。这些内容被宦官曹节偷看到并泄露出去，蔡邕便遭到宦官集团的报复，一年之间，先后经历牢狱之灾和流放之难，几度濒死。为逃避宦官集团的联手加害，蔡邕"乃亡命江海，远迹吴会"[①]，不得已远走吴越。在此期间，蔡邕得到王充所著《论衡》，一见即为其折服，认为其水平已超越了诸子之书。蔡邕十分喜爱《论衡》，秘不示人，只供自己研读学习。在流亡的十余年间，他往来于吴郡与会稽郡，依附于泰山羊氏。由于得《论衡》之助，蔡邕的学识有了很大的提升，并在与中原士大夫谈论中常常引用《论衡》中的观点和资料，令人刮目相看。中原士大夫诧异于蔡邕的进步，怀疑他在江南得到了异书，便去蔡邕住处搜寻，果然找到了他秘藏的《论衡》，此后，《论衡》就在中原地区小范围地流传开去。后会稽太守王朗也得见《论衡》，并深入研习。王朗被曹操征辟为谏议大夫后，回到许昌，故人惊讶于他才识的长进，认为他要么在会稽遇到了高人，要么得观异书，追问之下，才知道是研习《论衡》的缘故。经过蔡邕和王朗的"推广"，《论衡》逐渐在全国范围内流传，这可能是王充其他著作佚失殆尽而《论衡》几为全存的原因。

在浙江学术思想史上，王充是开创性的人物，也是划时代的人物。吴光先生于1993年10月提出"王充为浙学开山祖"的

---

① 范晔撰、李贤等注：《后汉书·蔡邕列传》，中华书局1965年版，第2003页。

观点，对王充的地位及影响给予了公正的评价。[1]在王充之前，浙江本地几乎没有产生在全国或整个时代有重大影响的学者。助越王勾践灭吴霸越的三杰计然、文种、范蠡均不是越国人；较知名的文人学者只有严忌、严光、澹台敬伯等少数几个，但俱无成体系的思想学说传世。东汉末年，虞翻曾与会稽太守王朗一一讨论和评价越地英贤，论及思想学术领域，二人认为值得称道的只有王充和赵晔，"有道山阴赵晔，征士上虞王充，各洪才渊懿，学究道源，著书垂藻，骆驿百篇，释经传之宿疑，解当世之槃结"[2]。赵晔与王充同时，是当时浙江地区王充之外另一名有全国影响的学者，为韩诗学派的传人，著有《吴越春秋》《诗细历神渊》，其中《诗细历神渊》颇受蔡邕的欣赏，以为强过王充的《论衡》。但《诗细历神渊》久佚，其内容不可确知。在历史上，韩诗学派影响并不大，传至南宋而亡，仅存《韩诗外传》。就其思想学术的原创性和对后世的影响而言，赵晔远远不能和王充相比。赵晔的生卒年虽然不详，然考其从杜抚学韩诗20年，杜抚于汉章帝建初年间（76—84）去世，赵晔始归乡里，此时王充已居乡教授著书20余年，故其年辈当与王充相近。所以无论从哪个方面说，王充都是当之无愧的"浙学开山祖"，他的出现提升了当时浙江在全国文化领域的地位。

---

[1] 以"王充为浙学开山祖"是吴光先生的一个重要创见。见永康市陈亮研究会编：《陈亮研究论文集》，杭州大学出版社1994年版；吴光：《试论"浙学"的基本精神——兼谈"浙学"与"浙东学派"的研究现状》，载《浙江学刊》1994年第1期。

[2] 陈寿撰、裴松之注：《三国志·吴书》，中华书局1982年版，第1325页。

一、家世渊源

王充生于东汉光武帝建武三年（27），《后汉书》虽有传，但全文只有229字。所幸今本《论衡》中收有王充所著《自纪篇》，让我们对他的生平可以有更多的了解。据《自纪篇》，王充祖上本是魏郡元城（今河北大名）人，也就是说，王充的家族属于元城王氏。元城王氏源于齐国宗室贵族田氏，为齐国最后一位君主齐王建的后裔。齐王建在亡国后被秦始皇迁置共地幽囚，后饿死。齐王建的孙子田安参加了秦末的反秦战争，因为助项羽破秦有功，被立为济北王，为项羽所立十八王之一。齐国宗室后裔田荣是秦末反秦义军的实力派之一，由于得罪了项羽，未获封王，对项羽所主持的分封极端不满，便发兵击杀济北王田安，勘定三齐，自立为齐王。至此，济北王田安立六个月而失国身亡。汉王朝建立，田安的后裔"齐人谓之'王家'，因以为氏"①。这便是元城王氏的由来。至汉文帝、汉景帝年间，田安的孙子王遂迁居东平陵（今属济南市章丘区龙山街道），王遂的儿子王贺曾担任汉武帝的绣衣御史。绣衣御史也称绣衣直指，汉武帝时设置，但非常置官，其职责是"出讨奸猾，治大狱"②，专门对付地方豪强和审理地方冤狱。这类人担任的是临时性职务，所以大都想通过有所作为来引起武帝的注

---

① 班固著、颜师古注：《汉书·元后传》，中华书局1962年版，第4013页。
② 班固著、颜师古注：《汉书·百官公卿表》，中华书局1962年版，第725—726页。

意，为自己的仕途开辟通道，表现出来便是立功心切、手段迅猛。比如与王贺同时为绣衣御史的暴胜之，出巡州郡即奏杀太守、诛杀千石以下的官员和豪强，并连坐其党羽，大的州一次出巡要斩杀万人。但王贺心地宽仁，不忍如此。他在出巡魏郡期间，仅限于捕杀大盗卢坚等，对于那些畏惧卢坚等大盗而犯有渎职罪的官员则网开一面。王贺因此被武帝免职，理由是不称职。被免职后的王贺因与东平陵终氏发生矛盾而结怨，为了躲避终氏，王贺迁徙到魏郡元城委粟里，为当地三老，也成为魏郡元城王氏的始祖。王充既然属魏郡元城王氏，或可追溯至王贺一脉。

《汉书·元后传》载，"元帝崩，太子立，是为孝成帝。尊皇后为皇太后，以凤为大司马大将军领尚书事，益封五千户。王氏之兴自凤始。又封太后同母弟崇为安成侯，食邑万户。凤庶弟谭等皆赐爵关内侯，食邑"①，可见元城王氏的兴起始于成帝继位之后。

王充在《自纪篇》中说，祖上因立有军功获封会稽阳亭。按照汉代的封爵制度，列侯有三个级别，即县侯、乡侯和亭侯，王充祖上获封的亭侯，在列侯中属于最低的一级。但就是这最低一级的亭侯，王充的祖先也未能保住，仅仅一年后就因故失去。王充家人于是在会稽安家，以农耕桑蚕为生。曾祖王勇意气用事，与阳亭当地人关系很僵，并在年成不好时杀伤了很多

---

① 班固著、颜师古注：《汉书·元后传》，中华书局1962年版，第4017页。

人。为了躲避当地人的报复，王充全家在其祖父王汎的带领下迁居钱唐县，转而从事商贸活动。

王充的祖父王汎生有二子：王蒙、王诵，王诵即王充的父亲。王蒙和王诵二人同样意气用事，又与钱唐丁伯家族结怨。丁氏为钱唐豪族，王蒙、王诵挑战丁氏家族无异于以卵击石。于是王充家族只得再次逃走，迁居上虞，最终在上虞定居。

二、成长背景

王充成长于儒家思想文化在越地逐渐成为主流的年代。

浙江地区自古属于古越民族生活区，与华夏民族生活的中原地区文化差异较大，其俗断发文身，好鬼巫，多淫祀。《说苑·奉使》记载了一个小故事，足以说明这种差异：越王派遣使者诸发赠送梁王①一枝梅花，梁王的臣子韩子认为以一枝梅花遗赠列国之君不够尊重，就想羞辱越国使者诸发，便命诸发戴冠见梁王，否则不予见。诸发为自己做了辩解：

> 彼越亦天子之封也，不得冀、兖之州，乃处海垂之际，屏外蕃以为居，而蛟龙又与我争焉，是以剪发文身，烂然成章，以像龙子者，将避水神也。今大国其命，冠则见以礼，不冠则否。假令大国之使，时过弊邑，弊邑之君，亦有命矣，曰："客必剪发文身，然后见之。"于大国何如？

---

① 梁王：指魏王，因魏国都城在大梁，故称梁王。

意而安之，愿假冠以见；意如不安，愿无变国俗。[1]

诸发说，越国也是天子所封诸侯国，得不到冀州、兖州等中原上好的土地，只好处于偏远海滨，作为王室的外围屏藩，蛟龙又与越国争夺水中的资源。于是越民族只好剪发文身，在身体上刻画龙的花纹，伪装成蛟龙之子，避免遭受它们的伤害。现在魏国让他戴冠才可受到魏王接见，那么将来魏国使者到越国来见越王，是不是也要像越国人一样剪发文身呢？如果对方认可这种做法，他也愿意戴冠朝见魏王；如果不认可，那希望对方也能尊重越国的习俗。诸发的话较为全面地阐释了越国与中原不同的生产生活方式及文化习俗。司马迁在《史记·货殖列传》中说，"楚越之地，地广人希，饭稻羹鱼，或火耕而水耨，果隋蠃蛤，不待贾而足"[2]。蠃蛤即螺、蛤、鱼、鳖等水产的统称，是古越民族重要的生活资源。古越民族所生活的浙江大地为典型的水乡，水资源和水产丰富，其生产以种植水稻和捕捞为主。诸发说"蛟龙又与我争焉"，蛟龙就是鳄鱼之类凶猛的水生物，以捕捞为生计的古越民常在水中遭遇这类生物，为了避免其伤害自己，也为了在水里活动方便，他们就剪短头发，并在身上画上花纹，把自己伪装成蛟龙的同类。这是由于生产的不同导致越民族与中原地区的农耕文化习俗不同。

---

① 刘向撰：《说苑校证·奉使》，中华书局1987年版，第302—303页。

② 司马迁撰：《史记·货殖列传》，中华书局1982年版，第3270页。

至春秋末期，兼并战争逐渐取代争霸战争，一定程度上推动了不同地域之间的文化交流，越地也不例外，与中原地区的文化交流越来越频繁。来自中原地区的计然、范蠡、文种等辅佐越王勾践成就霸业，为越地文化注入新的活力。

这股新的活力分为两个方面：一是以积蓄为本、明察天时地理、重视工商贸易的学术思想，就总体而言，属于富国强兵、经世致用之术；二是尊贤和爱民的思想，在道的层面阐明了贤士和民众在国家兴亡中的决定性作用。

计然指出积蓄是立国之本，人生第一等大事就是"必先忧积蓄"[①]，特别是兴师作战，"必先蓄积食、钱、布帛"[②]，在事实上提出了经济是立国之本的思想。那么怎样才能做好积蓄呢？计然和范蠡指出需要明察天时地理、重视工商贸易。他们通过观察天时，发现农业生产和天时之间存在一定的对应规律，"太阴三岁处金则穰，三岁处水则毁，三岁处木则康，三岁处火则旱"[③]，总体来看，大概"天下六岁一穰，六岁一康，凡十二岁一饥"[④]。意思是，在岁星围绕太阳公转一个周期内，自然条件大致呈现如下规律：岁星在金位三年则大丰收，在水位三年则遭水灾，在木位三年则顺遂，在火位三年则遇旱。整体算下来，六年里会出现一次大丰收，六年里会有一次年成较好的情况，

---

① 张仲清译注：《越绝书·越绝计倪内经第五》，中华书局2020年版，第80页。
② 张仲清译注：《越绝书·越绝计倪内经第五》，中华书局2020年版，第78页。
③ 张仲清译注：《越绝书·越绝计倪内经第五》，中华书局2020年版，第84页。
④ 张仲清译注：《越绝书·越绝计倪内经第五》，中华书局2020年版，第84页。

而十二年中必有一次大饥荒。当然这只是粗略的估算，未必精准。基于此，计然、范蠡提出"待乏"理论，"水则资车，旱则资舟，物之理也"，在物质充盈的时候买入，待短缺时再卖出，便可收到五至十倍的利润。年景好时，卖出六畜财货买入粮食，待年景差时再卖出粮食以买入田宅、牛马，积聚财货、棺木。同时，计然注意到，政府在粮食贱籴贵粜之时要注意维护好农民和商人的利益，实现本末俱利。他通过观察，发现"籴石二十则伤农，九十则病末。农伤则草木不辟，末病则货不出。故籴高不过八十，下不过三十，农末俱利矣"[1]，便把粮食价格定在三十至八十之间。计然提出的"农末俱利"理念，能够意识到商业利润不能保证便会影响货物的正常流通，并把商业和农业看得同等重要，这在"重农抑商"的中国古代是一大亮点。

范蠡向越王勾践进谏，提出"左道右术，去末取实"的治国思想。所谓"左道右术"，即"圣人缘天心，助天喜，乐万物之长"[2]，意思是统治者要顺应天道，助成万物之生长。所谓"去末取实"，末即虚名，实即谷物储蓄、得人心、任贤士，其中最主要的就是抓谷物储蓄。民以食为天，国家有足够的粮食储蓄，遇水旱年景才能养活老百姓，故粮食储蓄关系到一个国家的生命线。关于解决粮食储蓄问题，范蠡的思想与计然一致，即明察天时地理，对农业的丰歉预先作出评估，然后按照丰买

---

① 张仲清译注：《越绝书·越绝计倪内经第五》，中华书局2020年版，第90页。

② 张仲清译注：《越绝书·越绝外传枕中第十六》，中华书局2020年版，第234页。

歉卖的原则，做好粮食储备。

司马迁对范蠡、计然的"积蓄之道"做了总结："积著之理，务完物，无息币。以物相贸，易腐败而食之货勿留，无敢居贵。论其有余不足，则知贵贱。贵上极则反贱，贱下极则反贵。贵出如粪土，贱取如珠玉。财币欲其行如流水。"[1]这段话包括几个极其珍贵的商贸理念：一是务完物理念，即买入的货物一定得品相完好，宜于保存，不能买入容易腐烂的货物；二是无息币理念，既强调资金周转要快，"财币欲其行如流水"，资金周转快了才能赚取利润，钱老是躺在账户上就等于赔本；三是无敢居贵理念，即不能盲目等待价格巅峰，因为价格一旦上升到顶就要转跌，所以要抓住时机在价格高时尽快出货，在价格低时尽快买入，所谓"贵出如粪土，贱取如珠玉"。

计然和范蠡都很重视贤士在国家政治中所起到的重要作用。越王勾践败退会稽山后，计然向其陈说"仁义者，治之门；士民者，君之根本"[2]的治国之道，批评勾践"置臣而不尊，使贤而不用"，平时吝惜官位财币，不尊养贤士，临难却要求贤士为之效命。计然劝谏勾践，"阖门固根，莫如正身；正身之道，谨选左右"[3]，若要敞开仁义之门，巩固士民之根本，最好的办法就是端正自身，而端正自身就要从谨慎地选择左右近臣开始。左右近臣皆君子至诚之士，各种歪风邪气就无从浸染，君主的

---

① 司马迁撰：《史记·货殖列传》，中华书局1982年版，第3256页。
② 张仲清译注：《越绝书·越绝外传计倪第十一》，中华书局2020年版，第185页。
③ 张仲清译注：《越绝书·越绝外传计倪第十一》，中华书局2020年版，第185页。

行为也会渐渐接近仁义。计然还以周文王重用姜太公、齐桓公重用管仲为例来说明任用贤士对治国理政的重要性。周文王不以姜尚出身低微，任用年近九十穷困落魄的姜尚，尊之为太公，故能兴周室。齐桓公不记管仲一箭之仇，属以国政，尊为仲父，"一乎仲，二乎仲，斯可致王，但霸何足道！"[1]计然认为，像齐桓公这样信任贤才管仲，成就王业都可以，更别提称霸之事了。

范蠡把"去末取实"作为邦之根本，之所以要去末，就在于"末者，名也。故名过实，则百姓不附亲，贤士不为用"[2]。任贤士之关键在"执中和"，范蠡以商汤为例说明"执中和"与"任贤士"之间的关系，商汤能"执中和"而行，故能举任贤士伊尹，在伊尹辅佐下推翻残暴的夏桀。而要想百姓亲附，关键在于做好粮食储备，让老百姓的生活有保障，心里踏实。

文种把"爱民"作为治国理政的要道。越王勾践自吴归国，一心欲报仇雪耻，向文种请教为政之道，文种把爱民作为富国强兵的基础，即"利之无害，成之无败，生之无杀，与之无夺"[3]。所谓"利之无害"，即"无夺民所好"，不夺取老百姓所喜欢的东西；所谓"成之无败"，即"民不失其时则成之"，不在老百姓进行生产劳动时干扰他们就算成全；所谓"生之无杀"，即"省刑去罚"，不用严刑峻法来管制老百姓；所谓"与之无夺"，即"薄其赋敛"，减轻加在老百姓身上的各种税收。

---

[1]　张仲清译注：《越绝书·越绝外传计倪第十一》，中华书局 2020 年版，第 185 页。

[2]　张仲清译注：《越绝书·越绝外传枕中第十六》，中华书局 2020 年版，第 234 页。

[3]　崔冶译注：《吴越春秋·勾践归国外传第八》，中华书局 2019 年版，第 213 页。

统治者如能减少奢靡的娱乐活动，老百姓就会快乐；统治者如能为政宽容不折腾老百姓，民众就会心生喜悦。文种告诫越王勾践，"善为国者，遇民如父母之爱其子，如兄之爱其弟，闻有饥寒为之哀，见其劳苦为之悲"①，劝勾践以爱民为治国之本，对待老百姓要有同理心。

文种的爱民思想内容丰富，为勾践接受，在越国推行，是越国重新崛起的关键。勾践推行的一系列振兴越国的措施，实质上都是以"利民"为基本出发点。比如，越国人生男孩，国家就赐予两壶酒、一条狗；生女孩就赐予两壶酒、一头猪；生双胞胎，公家供给口粮；生三胞胎，公家配备一名乳母。老百姓的孩子死了，如是嫡长子，减免三年的赋税，庶子则减免三个月。鳏夫、寡妇、病人、贫苦无依靠的人，由公家出钱供养教育他们的子女。再如，尊礼贤士，改善他们的生活条件。凡是前来投奔的四方之士，皆在庙堂上举行宴享，以示尊重。勾践还亲自用船载着粮食和肉，遇到游学的年轻人就招待他们吃喝，还要问他们的名字。用勾践自己的话总结，"吾博爱以子之，忠惠以养之。吾今修宽刑，欲民所欲，去民所恶，称其善，掩其恶"②，"富者吾安之，贫者吾予之，救其不足，损其有余，使贫富不失其利"③。"利民"成为越国施政的基本指导思想，奠定了越国霸业的基础。

---

① 崔冶译注：《吴越春秋·勾践归国外传第八》，中华书局2019年版，第213页。

② 崔冶译注：《吴越春秋·勾践伐吴外传第十》，中华书局2019年版，第258页。

③ 崔冶译注：《吴越春秋·勾践伐吴外传第十》，中华书局2019年版，第259页。

计然、范蠡、文种带给越国的文化，就其本质而言，主要是经世济民、富国强兵之术，属于操作性很强的实用主义，几乎不具备价值观层面的东西。这一套理念对越地文化影响至深，后来，王充在《论衡·程材篇》中批判那种只顾实用不肯明经就学的风气，"学史书，读律讽令，治作请奏，习对向，滑习跪拜"，仍可见其影响。王充本人也深受计然、范蠡之学的影响，他在《论衡·明雩篇》中即引范蠡、计然所总结的年成丰歉规律来驳斥主张天人感应的变复之家的谬论："《范蠡·计然》曰：太岁在水，毁；金，穰；木，饥；火，旱。"据此，王充认为"水旱饥穰，有岁运也"，天气旱涝、年成丰歉与岁星运行的周期相对应，而与人间的政治得失无关。变复之家把二者关联起来，以为政治得失可致天气旱涝和年成丰歉，完全是无稽之谈。

越国传至勾践五世孙无彊时，为楚所灭，无彊被杀，楚国占领了吴国故土，越国仅保有钱塘江以东的土地，并分裂成许多小国，均臣服于楚国。

在汉武帝朝之前，朝廷对浙江地区的控制还是比较弱的。秦朝会稽郡治所在今之苏州，所辖主要是春秋时吴国以及越国的大部分地盘（浙南部分则归闽中郡管辖），"以吴、越二国，周旋一万一千里"，加以"浙江山川险绝"，故"自秦时弃不属"[1]。汉定鼎后，浙江地区先后为楚王韩信、荆王刘贾、吴王

---

[1] 班固撰、颜师古注：《汉书·严助传》，中华书局1962年版，第2776页。

刘濞的领地，以及闽越、东海二国两个越王勾践后裔所统领的越民族建立的国家。七国之乱后，景帝恢复会稽郡建置，直至武帝时，在淮南王刘安眼中，浙江地区仍然属于"方外之地，剪发文身之民也"，且"不可以冠带之国法度理"①的未开化地区。但也就在武帝朝，形势起了很大的变化。由于越人相互攻击、反复反叛，武帝将他们全部内徙，散处于江淮间，越人所建之国遂绝。

越地和中原第二次大规模的文化交流是儒学教育的普及。汉武帝元光元年（前134），董仲舒在对策中提出"诸不在六艺之科孔子之术者，皆绝其道，勿使并进"②，主张以儒学统一思想，作为国家最高意识形态。他又提出在中央设立太学，在郡县设立庠序等学校来推广儒学教育，"故养士之大者，莫大乎太学；太学者，贤士之所关也，教化之本原也"③，"立太学以教于国，设庠序以化于邑"④。汉武帝接受了董仲舒的建议，"罢黜百家、表章六经"，确立了儒学作为国家意识形态的地位，并开始讨论在全国建立学校，推广儒学、教育贤才。

设立学校的具体方案，由公孙弘在总结丞相、御史大夫与博士官讨论结果的基础上提出，上奏武帝，内容主要有两个方面：一是效仿三代的教育制度，"建首善自京师始，由内及

---

① 班固撰、颜师古注：《汉书·严助传》，中华书局1962年版，第2777页。
② 班固撰、颜师古注：《汉书·董仲舒传》，中华书局1962年版，第2523页。
③ 班固撰、颜师古注：《汉书·董仲舒传》，中华书局1962年版，第2512页。
④ 班固撰、颜师古注：《汉书·董仲舒传》，中华书局1962年版，第2503页。

外"①，从京师开始，再到郡县，兴办学校，推广儒学教育，以达到广纳贤才、实行教化的目的；二是建议把博士官由皇帝的顾问官变成教育官，为每个博士官配备50名弟子。具体由太常和地方郡国官员共同负责，太常负责选拔年龄18岁以上、相貌端正的男青年作为博士官弟子，地方郡国官员负责推荐"好文学，敬长上，肃政教，顺乡里，出入不悖"②的青年才俊，经太常考察，像博士官弟子一样接受教育。每个博士官都收弟子，这些弟子在跟博士官学习经书之后，经过考试、评定等级就可以做官。这样一来，儒家的博士官就控制了教育权，控制了候补文官的选拔权。公孙弘的建议得到汉武帝的肯定，儒学教育开始在全国推广开来。

学习儒家经典就可以取得做官的资格，加上京师带头兴办学校，大大激发了社会学习儒家经典的热情，也奠定了儒学在汉王朝的主流学说地位。武帝之后，昭帝、宣帝、元帝继续采取措施，进一步加强儒学教育。昭帝时，博士官弟子从50人增加到100人；宣帝末年又增加一倍；元帝好儒，鼓励天下士子读经，能通一经者皆免其赋役，并增博士官弟子至千人，又于"郡国置五经百石卒史"③。

在这种背景下，浙江地区也开始兴办学校，推广儒学教育，加速融入中原主流文化圈。由于文献不足征，浙江当时兴办郡

---

① 司马迁撰：《史记·儒林列传》，中华书局1982年版，第3119页。

② 司马迁撰：《史记·儒林列传》，中华书局1982年版，第3119页。

③ 班固撰、颜师古注：《汉书·儒林传》，中华书局1962年版，第3596页。

国之学推广儒学教育的详情已不可详知，但儒学教育逐渐在浙江普及是毫无疑义的。到西汉末年，浙江已有严光等优秀儒生被选入太学读书，说明浙江的儒学教育在那时已有了一定程度的发展。

两汉之际，天下大乱，一部分中原学者避乱江南，进一步推动了浙江地区儒学的发展。《后汉书·循吏列传》载：更始元年（23），任延拜会稽都尉，"时天下新定，道路未通，避乱江南者，皆未还中土，会稽颇称多士。延到，皆聘请高行如董子仪、严子陵等，敬待以师友之礼"①。任延为南阳宛（今南阳市宛城区）人，本身就是博学鸿儒，年十二即为诸生，读书太学，精通《诗》《易》《春秋》，在太学很是知名，有"任圣童"的美誉。在任延的治理下，贤士大夫都愿意为其效劳。值得注意的是，任延后来转任武威郡太守，"造立校官"②，在武威郡建立学校，并让郡属官子孙都到学校里读书，学问稍进即予提拔任用。但他在会稽郡没有这样的举动，这从侧面说明当时会稽郡的学校未遭战乱破坏——两汉之际的战乱对地处江南的会稽郡影响不大，这也是中原学者到会稽郡避乱的原因。据《论衡·自纪篇》，王充幼年时，会稽郡的学校教育体系已相当完备。幼童先入书馆学书写，接受启蒙教育，学成后再出馆读《论语》《尚书》等经典，优秀者还可选拔到太学读书。当时在

---

① 范晔撰、李贤等注：《后汉书·循吏列传》，中华书局1965年版，第2697页。

② 范晔撰、李贤等注：《后汉书·循吏列传》，中华书局1965年版，第2463页。

书馆学习书法的儿童有一百多人，说明会稽郡向学之风浓郁。

从以上我们可以看出，浙江地区本来是越人所建之国，所流行的是饭稻羹鱼、断发文身的古越文化。在春秋末期，计然、范蠡、文种为越国带来了先进的中原文化理念，促进了越地文化与中原文化的一次大交流。虽然秦至西汉初，中央王朝加强了对浙江地区的行政管理，但控制力比较微弱，直至武帝朝，在浙江地区生活的仍然是断发文身的古越民族。而汉武帝吸取历史教训，将越人内徙至江淮之间，使浙江地区再无越人所建之国，至此，中央王朝才对浙江地区实行了比较有力的管理，加速了浙江地区融入中原文化的步伐。特别是汉武帝将儒学定为国家最高意识形态，并在全国强力推行儒学教育，统一思想，对浙江地区的文化发展产生了决定性的影响。到王充那个时代，浙江地区经历两次大规模的文化交流，已渐渐融入中原文化。

王充从六岁起就被父亲送入书馆学习，从此走上了读书的道路。王充小时候举止恭敬有礼，为人忠厚和顺、庄重寡言，有成年人的风范，属于少年老成，很得父母的欢心和邻居的喜爱。书馆启蒙的内容主要是识字和书法，也就是所谓"小学"。王充在书馆学习期间表现优异，一百多位同学，或因过失受责骂，或因书法拙劣被责打，唯独王充从不犯错，书法又进步很快，因此也从未受到老师惩处。八岁时，王充就完成了书馆学习的全部内容，辞别馆师，开始学习《论语》《尚书》等儒家典籍。

王充学习能力很强，范晔在《后汉书》中称他读书"一见辄能诵忆"①，所以学习起《论语》《尚书》等儒家经典来也是日诵千言，不久便"经明德就"，辞别老师，开启自己博览群书的生涯。

---

① 范晔撰、李贤等注：《后汉书·王充列传》，中华书局1965年版，第1629页。

在接受完地方教育系统的蒙学和经学教育后，王充已成长为当地的青年才俊。他为人持重，虽然口才敏捷，但是不喜欢哗众取宠。他虽然已能写出很好的文章，但是不会为了沽名钓誉去写作，对于志趣不同的人也不泛交。他凭借才华和品格在当地脱颖而出，被推荐到太学读书。王充去太学读书的具体时间亦不得而知，但据《后汉书·班固列传》注所引谢承《后汉书》载，"固年十三，王充见之，拊其背谓彪曰：'此儿必记汉事。'"①可以推测，他最迟在光武帝建武二十年（44）已经到了洛阳。

一、师事班彪

关于王充在太学读书的经历，《后汉书·王充列传》记载得相当简略，王充自著《论衡·自纪篇》则近乎未提，但是这段游学经历对王充学术思想的形成有着重大影响。据《后汉书·王充列传》记载，"到京师，受业太学，师事扶风班彪"②。班彪是当时最有名的学者之一，出自官宦之家。其子班固、女班昭都是卓有成就的学者，可谓一门儒雅。班彪的学术思想可以概括为三点：一是忠于汉室，二是博通好古，三是淡泊自守。从王充后来的学术思想中，可以看出这三点对他影响深远。班彪年轻时遭遇两汉之际大乱，曾经一度避难天水，依附天水地

---

① 范晔撰、李贤等注：《后汉书·班固列传》，中华书局1965年版，第1330页。
② 范晔撰、李贤等注：《后汉书·王充列传》，中华书局1965年版，第1629页。

方势力隗嚣。隗嚣野心勃勃，欲乘大乱之际代汉自立，遭到班彪反对。班彪作《王命论》以讽喻隗嚣，以五德终始理论论证汉室天命未改，仍当复兴，希望隗嚣幡然醒悟，不要自不量力、自取灭亡。后见隗嚣执迷不悟，就离开他投奔西河窦融，坚决不与隗嚣为伍。班彪"乃为融画策事汉，总西河以拒隗嚣"[1]，稳定了西部地区，为光武帝刘秀重新统一天下中兴汉室做出巨大贡献。班彪总体的学术风格倾向于古文经学，治学尚博通，不墨守一家之法。范晔在《后汉书》中称班彪"性沉重好古"，"以通儒上才，倾侧危乱之间，行不逾方，言不失正，仕不急进，贞不违人，敷文华以纬国典，守贱薄而无闷容。彼将以世运未弘，非所谓贱焉耻乎？何其守道恬淡之笃也"[2]，对班彪的学术思想和品性做出总结性评价。所谓"性沉重好古"，是说班彪喜好古文经学。这里需要对自西汉以来的两大经学流派做个简单的解释。所谓今文经学、古文经学，最开始是指儒家经典著录方式上文字的不同，后来演变为经学研究中截然对立的学术流派。

今文经，始于西汉初年。由于秦始皇焚书坑儒，对儒学典籍造成了不可挽回的损失。秦朝灭亡后，那些散在民间的老儒、经师开始找回自己所藏的六经在民间传授。这些经书大多已残缺不全，老儒、经师凭借自己的记忆再做补充，用当时通行的

① 范晔撰、李贤等注：《后汉书·班彪列传》，中华书局1965年版，第1324页。
② 范晔撰、李贤等注：《后汉书·班彪列传》，中华书局1965年版，第1329页。

隶书写定，故称今文经。今文经所据经典，通常由师徒父子凭记忆、靠背诵，口耳相传下来，它们是汉代官方认可和推崇的儒家经典标准文本。汉武帝罢黜百家、表章六经，正式立经学于学官，所立的就是今文经。至于古文经，在西汉末年出现，一部分来自河间献王刘德所搜集的民间所藏先祖旧书，一部分来自鲁恭王刘余为扩建自己宫室拆掉孔子故宅，于鲁壁中发现孔子后裔在焚书时所藏的典籍，还有一部分来源于民间献书。这些经典用先秦六国文字写成，故称之为古文经，刘德、孔安国、刘歆先后对这批经典做过整理。这两种传本（今文经和古文经），原只是记录文字的不同，后来却形成了学术上尖锐对立的派别——今文经学和古文经学。就其学术特点而言，今文经学墨守师法和家法。所谓"师法"，就是同源于一个经师传授的经学，必须严格遵循老师的解释，一个字都不能改易。老师没有解释的地方，传授者根据自己的理解加以解释，又形成"家法"。今文经学注重阐发经文的"微言大义"，尊奉孔子，认为孔子作六经，是为汉制法，立万世不易之法。古文经学则不同，其学者大多博览群籍，对经书的解释偏重名物训诂，试图通过对语言文字本身进行解释来理解经文大义。古文经学尊奉周公，以周公为先圣，视孔子为先师。今文经学的主要经典为《公羊传》；古文经学的主要经典为《周官》和《左传》。古文经学派的学者对今文经学的义理多能优容，并择善而从，并不将其视为对立的学说，他们只是想让古文经学同样得到朝廷承认，立于学官，取得和今文经学同等的地位；但今文经学派的学者对古文经学绝不包容，视其为洪水猛兽。如古文经学大家贾逵，作《左氏传大义》进奏，在奏疏中言："臣谨摘出《左氏》三十事尤著明者，斯皆君臣之正义，父子之纪纲。其余同《公羊》者什有七八，或文简小异，无害大体。"[1]今文经学家范升则力言《左传》之非，指斥《左传》"不祖孔子"[2]，奏称《左氏》错失十四事，不可录三十一事，强调只有以今文经统一学术，方可巩固统治秩序，维护经学的思想界权威地位，否则就会异端并进，背离大道。

班彪的经学立场，完全可以从他对《左传》《国语》等古文经学典籍的态度判定，他称赞《左传》《国语》为"圣人之耳目"，肯定它们"犹可法也"，秉承古文经学派"修学好古，实事求是"的传统，足以说明他属于古文经学派。班固称班彪"学不为人，博而不俗；言不为华，述而不作"[3]，正说明班彪为学是为了修己求道，并不是为了取悦别人或者"货与帝王家"。也正是如此，班彪才能"守贱薄而无闷容"，"何其守道恬淡之笃也"，平生不慕荣华、安贫乐道。班彪的这些学术风格和品行对王充产生了深远的影响。

王充在太学读书，"好博览而不守章句"，他自称喜欢"淫读古文，甘闻异言"，相反，对于别人习以为常的"世书俗说"并不人云亦云，每每"幽处独居，考论实虚"（《论衡·自纪篇》）。这正

---

① 范晔撰、李贤等注：《后汉书·贾逵列传》，中华书局1965年版，第1236页。

② 范晔撰、李贤等注：《后汉书·范升列传》，中华书局1965年版，第1228页。

③ 班固撰、颜师古注：《汉书·叙传》，中华书局1962年版，第4213页。

是受了班彪古文经学派学风的影响。其实不止王充如此，班彪之子班固也"遂博贯载籍，九流百家之言，无不穷究。所学无常师，不为章句，举大义而已"①，与王充类似，二人身上很能体现班彪培养后进的特点。王充在太学时，因家贫无书，常去洛阳书肆看书，他记忆力超强，"阅所卖书，一见辄能诵忆，遂博通众流百家之言"②，这一时期的读书学习为王充打下了坚实的基础。

二、桓谭的影响

在太学读书期间，除了班彪之外，另一个对王充影响很大的是当时的著名学者桓谭。桓谭"好音律，善鼓琴。博学多通，遍习五经，皆诂训大义，不为章句。能文章，尤好古学"③，也是古文经学派的大师。他著《新论》二十九篇，久佚，今仅存断简残章。王充和桓谭有没有过交往，史无明文，但王充对桓谭推崇备至，其学术思想受桓谭影响很大。王充称赞桓谭："又作《新论》，论世间事，辩照然否，虚妄之言，伪饰之辞，莫不证定。彼子长、子云说论之徒，君山为甲。"（《论衡·超奇篇》）"质定世事，论说世疑，桓君山莫上也。"（《论衡·案书篇》）王充认为桓谭的水平在扬雄和司马迁之上，并肯定桓谭《新论》的批判性。据现存古籍来看，《新论》的一大部分内容也是针对世俗所传虚妄

---

① 范晔撰、李贤等注：《后汉书·班固列传》，中华书局1965年版，第1330页。

② 范晔撰、李贤等注：《后汉书·王充列传》，中华书局1965年版，第1629页。

③ 范晔撰、李贤等注：《后汉书·桓谭列传》，中华书局1965年版，第955页。

不实之事进行辨析论证，点破其荒诞不经，同时鉴于"学者既多蔽暗，而师道又复缺然"，作《正经》。针对当时世俗之人沉迷于神仙长生之术，桓谭犀利地指出世上"无仙道，好奇者为之"，人"生之有长，长之有老，老之有死，若四时之代谢矣"，为了求长生而追求旁门左道，是不可救药的糊涂。王充高度评价桓谭及其书《新论》："世间为文者众矣，是非不分，然否不定，桓君山论之，可谓得实矣。"（《论衡·定贤篇》）他认为《新论》对世间文籍所载的似是而非乃至以讹传讹的东西作了廓清摧陷之功，论析最得事实真相。王充指出，如果孔子是素王的话，桓谭就是素相，孔子的素王之业存在于《春秋》之中，桓谭的素相之业就存在于《新论》之中。

王充作《论衡》，其缘由即在于"众书并失实，虚妄之言胜真美也"（《论衡·对作篇》），其目的在于"实事疾妄"，与桓谭"论世间事，辩照然否，虚妄之言，伪饰之辞，莫不证定"的精神是一致的，从某种程度上来讲，王充是桓谭事业的继承者。桓谭针对当时盛行的谶学，指出"谶出《河图》《洛书》，但有兆朕而不可知。后人妄复加增依托，称是孔丘，误之甚也"，对王充怀疑众书失实有直接的启发意义。不仅如此，王充的一些思想也直接来源于桓谭，比如桓谭曾经以火与烛的关系比喻精神和形体，"精神居形体，犹火之然烛矣……烛无，火亦不能独行于虚空"。王充在《论衡·论死篇》中，也以火与烛的关系比喻精神与肉体："天下无独燃之火，世间安得有无体独知之精"，"火灭光消而烛在，人死精亡而形存"，以此来论证精神必须依附于形体，人死精神不能独存，更不能为鬼。有趣的是，对于桓谭的错误认识，王充也似乎照抄照搬，比如在《新论·辨惑》中，桓谭认为狗可以变化成人形，并举了两个例子，都是人死后由狗变成他们的模样继续代替他们生活，最终被识破斩杀。王充也认为活的牲畜能够变化成人形："六畜能变化象人之形者，其形尚生，精气尚在也。如死，其形腐朽，虽虎兕勇悍，不能复化。"（《论衡·论死篇》）这些都反映出桓谭对王充学术思想的深刻影响。

三、批判今文经学

王充就读太学期间，授课的博士还是今文经学家，直到章帝建初元年（76），在贾逵的努力下，《左传》才被立为官学，其他古文经立得更晚，已是建初八年以后的事情了。所以王充在太学研读的经典，依然以今文经为主。黄晖先生就指出：

> 仲任生当今文盛行之世，古文未立，虽其不守章句，然大抵皆今文说。如《尚书》则本《欧阳》，《论语》则《鲁论》，《诗》则《鲁诗》。①

考《论衡·书虚篇》，所引《诗经》"惟忧用老"，即出自鲁诗，其"《尧典》之篇，舜巡狩东至岱岳，南至霍山"等内

---

① 王充：《论衡校释·例略》，中华书局1990年版，第3—4页。

容，今文《尚书》在《尧典》，古文《尚书》则在《舜典》。但要说王充属于今文经学派，是讲不通的。首先，王充在学术上受班彪、桓谭影响甚深，二人均属于古文经学派。受他们的影响，王充也"不守章句"，钱穆在《两汉经学今古文平议》指出，家法就是章句，而今文经学最看重的就是师法家法。其次，王充在比较了《春秋》三传后，认为《左传》最优："公羊高、谷梁、胡母氏皆传《春秋》，各门异户，独《左氏传》为近得实。"（《论衡·案书篇》）在《论衡》中，王充还记载了今文经学家范升与古文经学家陈元关于《左传》的公开争论，这也是汉代今古文经学爆发的四大论战之一："光武皇帝之时，陈元、范叔上书连属，条事是非，《左氏》遂立……元、叔天下极才，讲论是非，有余力矣。陈元言讷，范叔章诎，《左氏》得实，明矣。""然则《左氏》《国语》，世儒之实书也。"王充认为《左传》为左丘明所作，左丘明与孔子同代，而公羊高、谷梁赤均离孔子时代很远，所以《左传》最能得孔子原意。通过范升与陈元论战，最终范升辞屈，以此断定《左传》在三传中最得实，是"世儒之实书"，把《左传》凌驾于《公羊传》之上，这是今文经学派绝不能接受的。最后，王充还激烈地批评了公羊家的一些学说："若夫公羊、谷梁之传，日月不具，辄为意使。失平常之事，有怪异之说，径直之文，有曲折之义，非孔子之心。"（《论衡·正说篇》）他指责公羊学派故意曲解经文，故作奇怪之说，背离孔子原意。王充还坚持认为《春秋》拨乱反正说和三世说都不足为信，这就动摇了今文经学的根底。

实际上，王充对今文经学派故步自封、抱残守缺却又只能服从不许问难的解经方式非常不满："汉立博士之官，师弟子相呵难，欲极道之深，形是非之理也。不出横难，不得从说；不发苦诘，不闻甘对。"<small>（《论衡·明雩篇》）</small>王充指出，汉廷立博士官的目的是通过师徒相互辩难，探明经典所载之道，彰显是非之理，不经过问难和穷追苦究，就不会真正明白经典的大义。王充非常看重问难在研习学问中的作用，他认为"凡学问之法，不为无才，难于距师，核道实义，证定是非也"<small>（《论衡·问孔篇》）</small>，做学问的关键不在于有无才能，而在于是否敢于反问老师核实道理，确定是非。而今文经学派"好信师而是古，以为贤圣所言皆无非，专精讲习，不知难问"<small>（《论衡·问孔篇》）</small>的学风，王充是非常看不上的，认为他们"传先师之业，习口说以教，无胸中之造，思定然否之论……虽带徒百人以上，位博士、文学，邮人、门者之类也"<small>（《论衡·定贤篇》）</small>，"说章句者，终不求解扣明，师师相传，初为章句者，非通览之人也"<small>（《论衡·书解篇》）</small>。王充认为今文经学家这种墨守师法家法的讲经方式，只不过是把老师的学问口口相传，自己胸中并无独到的卓见，因而也不能对世事的是非做出正确的判定，绝对算不上通览之士。哪怕得到博士、文学的高职，拥有众多门徒，也只不过是老师学说的邮递员和守门者，没什么了不起的。王充还指出，今文经学家这种说经方式，因为简便易行，所以追随的人多，但是很难造就人才。

王充是一个禀赋特异、具有强烈独立精神的人，他出身的家庭一度以商贸为业，所以他的思想中也带有浙江传自计然、范蠡的重实用学说的基因，再加上班彪"学不为人"治学风格的影响，可以说，王充不是抱着通经入仕的目的去学习，他学习的目的就是追求真理。虽然折服于当时居学术界主流地位的中原儒学，但王充依然保持了独立思考的精神和批判精神，这造就了他独具特色的学术思想，为他写作《论衡》打下了坚实的基础。

王充从太学学成归来，并没有汲汲于仕进，而是居乡里以著述教授为事。他性格恬淡，不慕荣华、不羞贫贱，隐居乡里则以蘧伯玉高尚之节自勉，出仕居官则以子鱼直道劲节自励，不与人较长量短，与班彪"守贱薄而无闷容""守道恬淡之笃"的风格一脉相承。

王充安贫乐道，不着意钻营，先后做过县里的掾功曹、都尉府掾功曹。章帝建初元年（76）左右，王充受聘为郡列掾五官功曹行事。王充从不为个人的晋升去求见长官，在众人的集会上，也从不刻意表现自己。哪怕是长官召见，如不主动征询自己的意见便默不作声。基于以上原因，王充仕宦也不显达。即使如此，他还是尽力帮助那些没有出路的读书人，一有机会就推荐他们出仕。他不好言人之是非，但是对于别人的优点则常常称道。与自己关系不好的人，他不会屈意去称赞，但也从不在别人落魄之时落井下石。哪怕别人有重大过错，他也从不记恨，甚至对于别人细小的过失常常感到惋惜。

即使如此，仇家依然没有放过王充，元和三年（86），为躲避仇家报复，王充再次迁居丹阳、九江、庐江等地。大约在此期间，扬州刺史董勤闻知王充的名声，礼聘其为州从事，又转州治中，掌管扬州的簿书文案。此时王充已年逾六旬，老而多病，即请告老还乡。朋友谢夷吾又向朝廷上疏举荐王充，称"充之天才，非学所加"①，和孟子、荀子、扬雄、刘向、司马迁等前代鸿儒相比也毫不逊色。后章帝下诏以公车征辟王充入朝，因老病未成行。

王充"才高而不尚苟作"，他著作丰富，且都有很强的针对性。可惜大都亡佚，流传下来的只有《论衡》。

据目前的文献可知，王充最早的著作应当是《六儒论》。永平二年（59）三月，汉明帝驾临太学巡幸辟雍，举行大射礼；十月，明帝再次巡幸辟雍，举行养老礼，以李躬为三老，以曾教授自己《尚书》的桓荣为五更，并召时任颍川太守的大儒任延参加。在太学读书的王充躬逢其盛，有感于汉廷崇学尚儒，便作《六儒论》。《六儒论》早已亡佚，但《论衡》中不少篇章中都有王充对儒的讨论，从中大概可以推测出《六儒论》的主旨。在《论衡·书解篇》中，王充把儒分为两类：一类是世儒，即墨守师说的"说经者"，也就是传授经书章句的人，如《诗经》的传人申培公、《书经》的传人欧阳千乘等；另一类是文儒，即著述者，也就是司马迁、陆贾、刘向、扬雄等著书立说

① 范晔撰、李贤等注：《后汉书·王充列传》，中华书局1965年版，第1630页。

的学者。在王充看来，世儒"无胸中之造"，虽然能在学术传承中发挥不可或缺的作用，但终是鹦鹉学舌，无所创造发明。而文儒之业"卓绝不循"，能够"出口为言，集札为文"，是具有卓绝独到之见的创造性事业，因而文儒优于世儒。在《论衡·超奇篇》中，王充又将儒分为四类，即儒生、通人、文人、鸿儒。按照他的说法，"能说一经者为儒生，博览古今者为通人，采掇传书以上书奏记者为文人，能精思著文连结篇章者为鸿儒。故儒生过俗人，通人胜儒生，文人逾通人，鸿儒超文人"。这里的儒生即说经者世儒，文儒内部的文人和鸿儒有高下之分，通人处于世儒与文儒之间。如果再加上俗人，即在《论衡·程材篇》中与儒生作比较的"文吏"，便是五儒了。《六儒论》的内容于此可概见。

王充最重要的著作，当数《论衡》，据《论衡·自纪篇》所言，是为订正"伪书俗文多不实诚"而作。《论衡·对作篇》对《论衡》的写作缘起做了更详细的说明："是故《论衡》之造也，起众书并失实，虚妄之言胜真美也。故虚妄之语不黜，则华文不见息；华文放流，则实事不见用。"具体来说，《论衡》的写作针对的是当时流传的学说或儒家经传及其他典籍中失实的部分，这部分内容由于传自古人，时人往往不敢质疑，不加分别地接受。这些错误的知识和思想严重造成了人们认识的混乱，混淆了是非，像《论衡》中"九虚""三增"以及《论死篇》《订鬼篇》等批判辨析的内容，长久地欺骗迷惑世人，导致"人君遭弊，改教于上；人臣愚惑，作论于下"，君主和执政大臣都受其迷惑，对国家治理产生了消极影响。王充希望通过写作《论衡》，"铨轻重之言，立真伪之平"（《论衡·对作篇》），订其真伪，辨其虚实，对这些典籍或学说进行重新审查，去伪存真，建立起衡量是非的标准，使这些谬论不再继续迷惑世人，从而实现"纯诚之化日以孳"（《论衡·对作篇》）的美好愿望，使整个世道复归于淳朴。具体而言，"九虚""三增"等篇的目的是让世人明白传世典籍和学说中的荒谬之处，从而做到实事求是。《论死篇》《订鬼篇》《死伪篇》等的目的是阐明人死无知不能变鬼的道理，使读者读后明白厚葬是没有意义的，从而在整个社会培养薄葬的风气，在丧事上厉行节约。

王充有感于自己"升擢在位之时，众人蚁附；废退穷居，旧故叛去"的世态炎凉，作《讥俗》《节义》12篇以劝世，"冀俗人观书而自觉"（《论衡·自纪篇》）。他又观察到当时的统治者"徒欲治人，不得其宜，不晓其务，愁精苦思，不睹所趋"（《论衡·对作篇》），便作《政务》之书，目的是为郡国守相、县邑令长陈述治民施政当中应当重视的关键问题和主要矛盾，倡导善于教化百姓，让他们都感恩朝廷的德泽。王充复伤于"贤圣殁而大义分，蹉跎殊趋，各自开门"（《论衡·对作篇》），传学者以讹传讹，谬种间出，后世既不能辨真伪，又因为其说来自古圣先贤而信之不疑，故作《实论》。建初元年（76），中原一带年成不好，颍川、汝南的老百姓流离失所、四处逃荒，这引起了朝廷的担忧。王充作《备乏》，向朝廷建议严禁奢侈，以防备困乏；又鉴于酿酒浪费粮食，导致民间饥乏，进而产生盗窃现象，王充作《禁酒》，向郡守建议严禁民间酿酒。据《论衡》中《对作篇》《须颂篇》所载，王充还著有《能圣》《实圣》《盛褒》《觉佞》等篇，今并佚。
关于《能圣》《实圣》二篇的内容，据王充对写作缘起的解释可以
大体推知："汉有实事，儒者不称；古有虚美，诚心然之。信久远
之伪，忽近今之实。斯盖三增九虚所以成也，《能圣》《实圣》，所
以兴也。儒者称圣过实，稽合于汉，汉不能及。非不能及，儒者
之说使难及也。如实论之，汉更难及。"《能圣》《实圣》二篇大概
是王充为辩解汉朝圣德崇功而作的，以此论证汉朝不仅不比三皇
五帝及周秦差，还远远超过之前这些朝代。《对作篇》云，"《齐
世》《宣汉》《恢国》《验符》《盛褒》《须颂》之言，无诽谤之辞"。
可知《盛褒》内容与《能圣》《实圣》类似，是颂扬汉朝功德之盛
的。《觉佞》从篇名来看，当与《答佞篇》类似，从《答佞篇》引
《觉佞》如何辨别佞人的"人主好辨，佞人言利；人主好文，佞人
辞丽"来看，其内容当是教人君明察佞人。晚年辞官之后，王充
已年近七十，又作《养性》16篇，主要内容为："养气自守，适
时则酒，闭明塞聪，爱精自保，适辅服药引导，庶冀性命可延，
斯须不老。"（《论衡·对作篇》）《自纪篇》云："充仕数不耦，而徒著书
自纪。"《自纪篇》原不在《论衡》之内，其作成晚于《论衡》，
大概作于《养性》16篇之后，是王充对自己一生的总结。

从王充的著作来看，他确实一生信守"不上苟作"的原则，
其著述都很有针对性，且大都针对现实问题，并经过深入研究
和考订，最后提出解决之道，目的是让社会风气重归于淳朴，
让国家更加安定团结、繁荣富强，这体现了他深沉的爱国之心。

第二章 王充的学术思想特点

王充是东汉时期浙江地区划时代的学者，他所生活的时代，今文经学几乎一统天下，在思想文化界牢牢占据主流地位。王充能坚持独立思考，对传世经典和学说乃至世俗相沿已久积非成是的常识性谬误提出批判和订正，不仅需要卓识，更需要勇气。王充思想学说的独创性、批判性在当时来说是独树一帜的，也是出类拔萃的，堪称学界伟人、思想巨子。章太炎热情称赞他，"正虚妄，审向背，怀疑之论，分析百端，有所发擿，不避上圣。汉得一人焉，足以振耻"①。

就总体而言，王充的学术思想有迥异于流俗的特色，概而言之，其通经致用的学术旨趣、实事疾妄的学术风格和美越宣汉的家国情怀，都很能体现他思想的底色，有着鲜明的个性特点。

---

① 章太炎撰：《国故论衡疏证·论式》，中华书局2008年版，第389页。

王充出生在浙江上虞，他身上天然地带有浙江文化的基因。就大的文化背景而言，原本属于古越文化的浙江地区，在春秋末期迎来了第一次影响深远的文化交流，以计然、范蠡、文种越国三杰为代表的中原文化精英给浙江带来了以富国积蓄为本、明察天时地理、重视工商贸易的治国理念，从本质上而言，都属于富有实践性、操作性的经济管理和社会治理之术，具有很强的实用性。就其实践效果来看，这种思想成就了越国的霸业，极大地提高了越国的地位，对越国大地产生了不可估量的影响。与中原"经生所处，不远万里之路，精庐暂建，赢粮动有千百，其着名高义开门受徒者，编牒不下万人"①热衷经学的学风不同，据王充《论衡·程材篇》所观察，浙江地区盛行的是"不肯竟经明学"，义理略俱，便抛弃经书，竞相读史书和律令，学习各种公文的写法和官场礼仪规矩这些实用性的东西，以便尽

---

① 范晔撰、李贤等注：《后汉书·儒林列传》，中华书局1965年版，第2588页。

快出仕。王充的家庭一度在钱唐以经营商业为生，所以，尽管王充志趣不同流俗，但这些讲求实用的思想不可能不在他身上留下烙印。事实上，从他对世儒的批判包括对儒家经典缺陷的反思，都可以看出实用性其实是暗藏在他心中的一把尺子。

从某种程度来讲，王充的学术思想是中原的儒学和浙江文化交汇碰撞的产物。在王充的学术思想中，既闪耀着来源于中原儒学价值理性的光辉，也带有越地文化讲求实用的工具理性的烙印。他以儒学的价值理性来统摄浙江文化，又以浙江文化的求实精神来检验中原儒学，故追求儒学价值理性和浙江实用主义文化的统一成为其主要学术旨趣，一言以蔽之，曰"通经致用"。

一、以道为务：对经学价值理性的肯定

王充在太学系统地学习过经学，同时师事大儒班彪，因此他在经学上有很高的造诣，也深深为经学的价值体系和知识体系所折服，这一切奠定了经学在王充心中至高无上的地位。特别是自汉武帝"罢黜百家、表章六经"以后，经学成为汉家所树立的官方最高意识形态，也是汉家建构"六合同风、九州共贯"的大一统社会的思想文化基础。

王充认为五经是汉家所立的大经大法，"儒生善政，大义皆出其中"（《论衡·程材篇》），通晓经学可以"穷竟圣意"，肯定经学是

至道①，是治国理政、经纶世务的基础。王充认为，"《春秋》，汉之经，孔子制作，垂遗于汉"（《论衡·程材篇》），承认"《春秋》为汉制法"，是汉家治国平天下的至理要道，并认为不推崇《春秋》乃是愚昧无知之举。王充还认为，五经是一个体系，其理论是相互贯通和关联的，肯定《春秋》为汉制法，就应当崇奉《春秋》，而崇奉《春秋》就应当崇奉五经。

因此，在王充的思想中，"五经以道为务，事不如道，道行事立，无道不成"（《论衡·程材篇》），代表根本方向和价值体系，不是具体处理事务的技巧可比的。处理事务必须建立在正确的根基之上，也就是必须以经学为指导，才能取得成功。否则，违背经学所代表的价值方向，事情处理得再娴熟也没有用。

因此，王充认为经学对于人来说是必不可少的教育，通经是人成长为有用之才必要的过程。为说明通经的重要性，王充以粟和积石为喻。所谓粟，就是从田里收获未经碾舂的生谷子，而积石就是铜锡之矿石。王充认为人如果不入师门，无经传之教，就像粟和积石一般，粟不能直接食用，积石不堪制作器用，不通经学的人也不能有益于世。粟必须"舂之于臼，簸其秕糠；蒸之于甑，爨之以火，成熟为饭"（《论衡·量知篇》），谷子要变成饭，必须经过几个必要的环节：先在石臼里舂使之脱去谷糠；再用簸箕簸去谷糠和秕谷，得到可以作为食材的好谷米；最后上蒸锅蒸熟，做成饭，人食用后才有益于健康。同理，作为冶炼原

---

① 《论衡·程材篇》云："将相知经学至道。"可知王充视经学为至道。

材料的积石也必须经过几道工艺程序才能制作成供人使用的器具，"工师凿掘，炉橐铸铄乃成器"（《论衡·量知篇》）。王充以此说明深究经学对人来说，就如谷子做成饭、矿石铸器一样，是成材必不可少的过程。

王充在充分肯定经学的同时，还对世俗轻视经学儒生的态度做了深刻的批判。他认为只有通经才能"尽才成德"，甚至认为"苟有忠良之业，疏拙于事，无损于高"（《论衡·程材篇》）。相反，如果仅仅掌握一些法律条文、奏对技巧而不通经义，是不能胜任治国理政的重任的，王充把这种文吏称之为"尸位素餐"：

> 无仁义之学，居往食禄，终无以效，所谓尸位素餐者也。素者，空也；空虚无德，餐人之禄，故曰素餐。无道艺之业，不晓政治，默坐朝庭，不能言事，与尸无异，故曰尸位。（《论衡·量知篇》）

仁义正是经学所蕴含的价值体系。班固在《汉书·艺文志》中说儒家"游文于六经之中，留意于仁义之际"，六经是仁义的载体，仁义是经学的价值体系，不通经学，不明仁义，居官理政就不会有良好的效果，也就是尸位素餐。素就是空，意味着无仁义之德，无仁义之德却出来做官，等同于白白套取俸禄。由于不通仁义之道，也就不懂国家治理的根本所在，不能在朝廷上提出有价值的建议和方案，就像祭祀时扮演祖先的"尸"那样，就是个摆设。

正是基于这一认识，王充对当时浙江地区所流行的弃博通经学而专习官场实用技巧的做法做了全面系统的批判。王充批评当时浙江地区的世俗学者，"不肯竟经明学，深知古今"，为走入仕的捷径，选择一家经师治章句之学，"义理略俱，趋学史书，读律讽令，治请奏，习对向，滑习跪拜"（《论衡·程材篇》），他们这样谋个文吏之职是舍本逐末，大错特错。王充称这类世俗学者为修饰润色文书的"史匠"，在本质上和凿井挖穴的土匠、打造木器的木匠是一样的。

在王充的评价体系中，儒生优于文吏，原因在于他们学的是道，而文吏学的是具体的事务，"儒生治本，文吏理末"（《论衡·程材篇》）。他把"无经艺之本，有笔墨之末"（《论衡·量知篇》）的文吏治民，比作医生不通医方而治病，人手中无钱而去买东西，显而易见是不行的：

　　　　医无方术，云："吾能治病。"问之曰："何用治病？"曰："用心意。"病者必不信也。吏无经学，曰："吾能治民。"问之曰："何用治民？"曰："以材能。"是医无方术，以心意治病也，百姓安肯信向，而人君任用使之乎？手中无钱之市，使货主问曰"钱何在"，对曰："无钱"，货主必不与也。夫胸中不学，犹手中无钱也。欲人君任使之，百姓信向之，奈何也？（《论衡·量知篇》）

经艺是根本，无经艺之学，仅仅掌握一些写作公文的技巧，就去理政治民，王充认为，这样是行不通的。

王充还敏锐地洞察到，文吏由于不通经学而造成的两大缺陷：一是没有能力辨别是非，二是从利益出发不敢直言进谏。不通仁义之道，自然无法衡量辨别是非；从自身利益考量而不是从道义角度考量，哪怕见到君主的明显错误，出于邀荣固宠的需要，也不会违逆君主的意思。相反，儒生怀仁义之道，以道事君，不可则止，敢于批龙鳞、逆圣听，因为他们基于道义的立场做事。

王充之所以批判那些讲求官场技巧的实用主义者，在于他深刻洞察到这种世俗的实用主义的弊端，那就是只有工具理性，没有价值理性，属于浅层次的技艺，即王充所说的"匠"。他推尊儒学，实际上是推尊儒学所蕴含的价值体系，即仁义，这属于道的层次，是治国理政的根本。如果缺乏价值理性，仅仅以实用主义的工具理性作为处世行事的标准，必然会沦为孔子讲的鄙夫。孔子曰："鄙夫可与事君也与哉？其未得之也，患得之；既得之，患失之。苟患失之，无所不至矣。"在王充看来，代表实用主义的文吏由于"无经艺之本"，缺乏儒学的价值理性，就是典型的鄙夫。如果大量这样凡事都基于自己利益考量而不从道义出发的人占据要津，整个国家就会处于危险之中。缺乏儒学的价值理性，官员就容易为非作歹："儒生所学者，道也；文吏所学者，事也。"（《论衡·程材篇》）"儒生不为非，而文吏好为奸者，文吏少道德，而儒生多仁义也。"（《论衡·量知篇》）这是王充从现实观察中得出的结论。

二、通经致用：理想的治学境界

王充把经学看作是道，即治国理政的根本，他从价值理性出发，肯定汉武帝以来作为国家意识形态的经学的价值体系，但这并不意味着他一味褒扬经学、排斥实用主义。实际上，他是以代表价值理性的经学来统摄社会上流行的实用主义，为实用主义的工具理性加上价值理性的方向。对于死守章句不通世务的所谓"世儒"，王充同样持批判态度。在他的心目中，真正的人才应该是既通经又致用，兼具经学的价值理性和实学的工具理性。对于经学在经世致用方面的局限性，王充还是有比较清醒的认识，并予以深刻批判的。

王充秉承实学精神，对经学进行检验，发现时下流行的经学也有致命的缺陷，而儒家所传的经传也不尽可信。

就知识体系而言，经学存在明显的不足。五经所载之事均是秦汉以前，"五经之后，秦、汉之事，无不能知者"[①]，缺乏对秦汉两代事迹的记载。同时，即使秦汉以前的事，五经也不是全部记载，"五经之前，至于天地始开，帝王初立者"等内容，五经也无。所以王充指出，儒者即使朝夕讲习、究备于五经，对于秦汉之事和五经所载年代之前的事还是不能通晓。

同时，就经学自身而言，经秦焚书坑儒，经书也残缺不全。

---

① 王充：《论衡校释·谢短篇》，中华书局1990年版，第555页。按：此句"无"字，刘盼遂先生以为衍，从之。

"五经遭亡秦之奢侈，触李斯之横议，燔烧禁防"导致"经书缺灭而不明，篇章弃散而不具"（《论衡·书解篇》）。再加上晁错等在将经书改写成隶书时，"各以私意分拆文字"（《论衡·书解篇》），导致以讹传讹，错乱更多。

经学本身所具有的缺点，又为世儒所倡导的学风放大，使经学本身的短板更加明显。第一种学风是不顾经学本身颇多残缺且知识体系不全，而满足于章句之学。王充指出："说章句者，终不求解扣明，师师相传，初为章句者，非通览之人也。"（《论衡·书解篇》）世儒满足于对师门传授的章句之学的墨守，对经学包含不了的学问就不去追求，这样是培养不出通览之士的。因此，王充提出儒者不能仅仅满足于读经，"知屋漏者在宇下，知政失者在草野，知经误者在诸子"（《论衡·书解篇》），而要通过博览群书，特别是诸子之书来弥补。

第二种学风是迷信师说，不敢质疑。"世儒学者，好信师而是古，以为贤圣所言皆无非，专精讲习，不知难问"，过度迷信前人对经书的解释。但是前人对五经的解释并不全部可信，"儒者说五经，多失其实。前儒不见本末，空生虚说。后儒信前师之言，随旧述故，滑习辞语"，导致前人的错误谬种流传，贻害匪浅。在这方面，王充举了很多例子，比如关于《春秋》之名，说经者的解释是"春者岁之始，秋者其终也。《春秋》之经，可以奉始养终，故号为《春秋》"（《论衡·正说篇》），神话孔子作《春秋》之意。但王充根据孟子"王者之迹熄而《诗》亡，《诗》亡然后《春秋》作。晋之乘，楚之《梼杌》，鲁之《春秋》，一也"的解释，指出孔子之前的鲁国史书本来就名为《春秋》，因此，说经者的解释并不符合历史实际，也不符合孔子之意。再比如，说经者关于《尚书·尧典》"试"和"观"的解释。《尚书·尧典》记载，尧年老时，将禅位，四岳举荐了舜，尧曰："我其试哉！"说经者对"试"的解释是"试者，用也；我其用之为天子也"。尧又把两个女儿嫁给舜，"女于时，观厥刑于二女"。说经者对"观"的解释是，"观者，观尔虞舜于天下，不谓尧自观之也"。王充指出，这种解释都是故意美化尧舜，意谓尧舜这样的圣人，一见面便能精诚相照，互相做出精准的判断，既不用考察，也不用试用。这样看起来尧舜的形象虽然很高大，但并不符合历史实际。较为可信的说法应该是尧听说舜是贤人，四岳又举荐了他，尧心里虽然知道舜是奇才但是对他具体的能力并不清楚，因而才说"我其试哉"，通过不同的岗位考察他。尧又把两个女儿嫁给舜，观察他的夫妻相处之道，最终发现舜不仅在各个岗位都干得非常出色，夫妻相处得也很好。所以"试"也好、"观"也好，都是说尧对舜的才能进行考察。但是说经者在解释时就喜欢粉饰增益、添枝加叶，"使事失正是，诚而不存"。后人学经学，如果迷信师说，不加考察，或者虽然有所考察但是因为是老师传下来的而不敢驳正，就会使这种谬论难以纠正。

第三种学风是学经学的目的不纯正，为的是精通一个经师的学说，使自己好争取到做个经学博士、经学教授的机会，尽早进入仕途，根本不把心思和精力用在考察说经者解释的真伪上面，自然也就难以发现其错误。

经学本身的缺陷和世儒的不良学风，导致培养出来的儒生学识就有很大的不足，"总问儒生以古今之义，儒生不能知，各以其经事问之，又不能晓"_{《论衡·谢短篇》}，王充认为，这种情况应该从根本上予以纠正。

王充尊重孔子，称孔子是素王，认同五经的根本价值，认为五经是孔子素王之业所在，但并不神化孔子，也不认为五经句句都是真理，只能信奉，不能质疑。相反，王充非常看重学习中的问难，认为对前人所有的观点和说法，都需要经过怀疑和批评的眼光来多方"效验"。如果没有这道最终程序的过滤，就是圣人之说也不能成立。王充的学说体现了儒学与浙江实用主义文化的结合，他以实证精神考订群经，用实学精神检验儒学，并提倡博览，讲求致用，反对株守古人章句的世儒。

章太炎指出："所谓文儒者，九流、六艺、太史之属；所谓世儒者，即今文家。"①其说甚有见地。王充所批评的儒者形象，即"不能博五经，又不能博众事，守信一学，不好广观，无温故知新之明，而有守愚不览之暗"_{《论衡·别通篇》}，与今文经学家师徒世代相因、笃守师说的特点相符。在王充所处的时代，经学今古文之争论战方殷，范升、陈元争之在前，李育、贾逵继之在后。王充的老师班彪推崇古文经学派，而王充也是古文经学派的拥趸。王充所谓的世儒，当以今文经学者为主体，但不限

① 章太炎撰：《国故论衡疏证·原儒》，中华书局2008年版，第490页。

于今文经学者，他针对的是寻章摘句、既守旧又空疏的学风。王充对世儒的批判，实际上是对这种学风的批判，班固在《汉书·艺文志》中对此也有深刻的反省：

> 后世经传既已乖离，博学者又不思多闻阙疑之义，而务碎义逃难，便辞巧说，破坏形体；说五字之文，至于二三万言。后进弥以驰逐，故幼童而守一艺，白首而后能言；安其所习，毁所不见，终以自蔽。此学者之大患也。[①]

王充通经致用的思想还表现在他对文儒的推崇中。所谓文儒，按照他自己的定义就是"著作者"，典型的如《新语》的作者陆贾，《史记》的作者司马迁，《新论》的作者桓谭，西汉大学者刘向、扬雄等，还包括历史上的管仲、韩非等人。这些学者共同的特点是博览群书、不专治一经一家之学，不仅能著述，还能经世济民。陆贾是汉高祖的重要谋士之一，在楚汉战争结束后，他敏锐地觉察到形势的变化，对汉高祖称说诗书，劝汉高祖及时改变统治方略，逆取而顺守。《史记·郦生陆贾列传》对此做了生动的记载：

> 陆生时时前说称《诗》《书》。高帝骂之曰："乃公居马上而得之，安事《诗》《书》！"陆生曰："居马上得之，

---

① 班固撰、颜师古注：《汉书·艺文志》，中华书局1965年版，第1723页。

宁可以马上治之乎？且汤武逆取而以顺守之，文武并用，长久之术也。①

　　陆贾以吴王夫差、晋卿知伯黩武而亡以及秦帝国推行严刑峻法的恐怖主义统治最终土崩瓦解的例子，向汉高祖阐释逆取顺守、文武并用的道理，提醒汉高祖不要重蹈亡秦之失的覆辙。陆贾最早注意到儒家学说对于国家长治久安的重要意义，说服汉高祖"行仁义，法先圣"，为汉帝国的政治与文化重建勾画了初步的蓝图。其所著《新语》，乃是汉代政治文化建设的奠基之作。陆贾及《新语》在汉代政治文化重建中的作用，王利器先生曾给予极为深刻的评价，"陆贾者，盖兼儒、道二家，而为汉代学术思想导乎先路者也"②，肯定了陆贾在汉代政治文化重建中的开创者地位。陆贾的另一大贡献是联合陈平、周勃，挫败诸吕篡权的阴谋，重新安定了刘氏政权。在他的身上，既有儒学的价值理性，又有建功立业、经纶世务的能力。这才是达到王充心目中理想标准的人才。

　　王充既薄死守章句、不通世务的世儒，又轻专趋功利、致力于事务的文吏，他推崇的是既通经术又擅长实务的文儒型人才，这恰恰反映了他的学术旨趣。他对文吏的批判，其中着力批判的就是他们"不肯竟经明学，深知古今"，"无经艺之本，

① 司马迁撰：《史记·郦生陆贾列传》，中华书局1982年版，第2699页。
② 陆贾撰：《新语校注·前言》，中华书局2012年版，第11页。

有笔墨之末，大道未足而小伎过多"。但他在批判文吏功利主义不通大道的同时，也肯定他们"更事""以事胜"致用的一面，"文吏笔札之能，而治定簿书，考理烦事，虽无道学，筋力材能尽于朝庭，此亦报上之效验也"（《论衡·量知篇》），表彰文吏能够综理州郡庶务，擅长处理州郡的各种文书文件，通过实干报效国家。他对儒生的批判重点，在于他们抱守条条框框，墨守师说成规，"坐守师法、不颇博览"（《论衡·谢短篇》），不能经世致用。不要说死守一经的世儒，就是"通书千篇以上，万卷以下，弘畅雅闲，审定文读"的通人也在王充的批评之列。他引孔子"诵诗三百，授之以政不达"的话，批评虽然"好学勤力，博闻强识"但不能经世致用的人，并打比方说："入山见木，长短无所不知；入野见草，大小无所不识。然而不能伐木以作室屋，采草以和方药，此知草木所不能用也。"（《论衡·超奇篇》）同时，他肯定"儒生修大道""儒生学大义"，反映了他欲用儒学价值理性统摄功利主义、欲用经世致用思想改造渐趋没落的儒学的学术旨趣。王充所推崇的文儒即兼取两者之长，既要通经，又要致用，致用以通经为前提，通经以致用为皈依。

　　王充的通经致用思想，实际上代表着一种选人用人的方向。自汉武帝朝"表章六经"，儒学被定为官学，成为法定的官方意识形态，其最大的政治意义是为汉立极，为整个帝国构建共同的话语体系，避免自说自话而造成客观真理标准不统一的混乱。同时，在代表最高权力的政统之外树立了一个代表最高真理的道统，建立起一套以五经为主体的客观真理标准体系，然后用这个标准去整合社会思想学说、社会秩序、社会道德和政治运作，深层次改变了中央集权君主专制的政治运行模式。一方面以道统限制君权的无限膨胀，改变了秦帝国君师合一的政治运作模式；另一方面给众多的儒学知识精英提供了参与政治的舞台。汉武帝之所以"表章六经"，固然是接受了秦帝国以法家理念治国二世而亡的教训，但从根本上讲，还是源于儒学自身的特点。儒学以仁义为核心价值，以民本为基本理念，以王道仁政为最高政治理想，又"序君臣父子之礼，列夫妇长幼之别"①，适合作为大一统帝国的指导思想。但在现实中，儒学"劳而少功，博而寡要"和"迂远而阔于事情"的缺陷使得儒生并不受欢迎，汉成帝时的琅邪太守朱博对待儒生的态度称得上是典型。朱博本武吏出身，"尤不爱诸生，所至郡辄罢去议曹……文学儒吏时有奏记称说云云，博见谓曰：'如太守汉吏，奉三尺律令以从事耳，亡奈生所言圣人道何也！且持此道归，尧舜君出，为陈说之。'"②王充在《论衡·程材篇》中也备述儒生和文吏相比所受到的歧视："论者多谓儒生不及彼文吏，见文吏利便，而儒生陆落，则诋訾儒生以为浅短，称誉文吏谓之深长。""文吏更事，儒生不习也。""文吏能破坚理烦"而"儒生不习于职"，与其说是世人的偏见，不如说是当时儒生自身不足所致。

---

① 司马迁撰：《史记·太史公自序》，中华书局1982年版，第3289页。

② 班固撰、颜师古注：《汉书·朱博传》，中华书局1965年版，第3400页。

故王充在洞察儒学缺陷的基础上，提出以博览经史百家弥补经学自身的不足，"夫古今之事，百家之言，其为深多也"_{（《论衡·别通篇》）}，"知屋漏者在宇下，知政失者在草野，知经误者在诸子。诸子尺书，文明实是"_{（《论衡·书解篇》）}。他提出在博览经史百家之言的基础上，培养既明大道、又能经世致用的通人。在王充看来，"人不博览者，不闻古今，不见事类，不知然否"_{（《论衡·别通篇》）}，就像盲人、聋人和鼻子坏了的人那样，看不清、听不真、嗅不出味。即使是世儒那样的儒生，虽通经之章句而不能博览同样算得上"闭暗"，且"论事不实"；法令之家不博览就会"不见行事，议罪不审"，不能精准审理案件；至于既不通经又不能博览的庸人就会陷于不知是非、闭暗尤甚的境地，成为"耳目俱足"却无见闻的"土木之人"_{（《论衡·别通篇》）}。

在王充心目中，理想的通人应该是："积文十箧以上，圣人之言，贤者之语，上自黄帝，下至秦汉，治国肥家之术，刺世讥俗之言，备矣。"_{（《论衡·别通篇》）}他以良医为喻，"良医服百病之方"，所以才能"治百人之疾"，同样，通人这样的大才"怀百家之言，故能治百族之乱"_{（《论衡·别通篇》）}。他认为，真正的孔子之徒应该就是典型的通人：

> 子贡曰："不得其门而入，不见宗庙之美，百官之富。"盖以宗庙百官喻孔子道也。孔子道美，故譬以宗庙，众多非一，故喻以百官。由此言之，道达广博者，孔子之徒也。_{（《论衡·别通篇》）}

　　考王充在《论衡·别通篇》中所塑造的通人形象，其实就是文儒的理想化形态。王充希望通过对不重视经学的文史和死读经学的儒生的批判，改变当时的不良学风，从而为国家培养出更多既通经义又能经世致用的人才，为国家振兴打下坚实的人才基础。

　　王充在《论衡》中，多次谈到《论衡》写作的缘起和基本
精神。在《自纪篇》中，王充解释写作《论衡》的缘起时说，
"又伤伪书俗文多不实诚，故为《论衡》之书"，"《论衡》者，
论之平也"。王充深感当时传世的文书典籍其内容太多不实之
事、不诚之论，故作《论衡》，以辨别真伪、证定是非，"论之
平"即古人言论的权衡，衡量古人言论真伪是非的标准。他在
《对作篇》又说，"是故《论衡》之造也，起众书并失实，虚妄
之言胜真美也。故虚妄之语不黜，则华文不见息；华文放流，
则实事不见用。故《论衡》者，所以铨轻重之言，立真伪之
平"①，进一步解释写作的根本原因在于传世文书典籍所载失实
的内容太多，并且造成了恶劣的影响。人们被典籍所载的不实
之事、不诚之论所迷惑，反而不接受事情的真相，"南面称师，
赋奸伪之说；典城佩紫，读虚妄之书"，那些讲学传道的学者和

---

① 王充撰：《论衡校释·对作篇》，中华书局1990年版，第1179页。

理政治民的官员概莫能外，不仅为这些谬论所蒙蔽，还推波助澜传播这些谬论。所以王充感觉到如果不对传世文书典籍做一番辨别真伪、证定是非的工作，就不能去伪存真，截断谬种流传。

所以，王充在概括《论衡》的精神时说，"《论衡》篇以十数，亦一言也，曰：疾虚妄"（《论衡·佚文篇》），"《论衡》实事疾妄……无诽谤之辞"（《论衡·对作篇》）。所谓实事，即实事求是，证定事情的真相；所谓疾妄，即批判揭破虚假之事和不实之论。《论衡》共计30卷85篇，其中接近七成的篇章是论证考订典籍所载、世人世代相传的离奇失实、荒诞迷信之事。可以说"疾虚妄"是王充学说的一大特色。

一、"疾虚妄"：以觉世俗

王充的最终目的是通过"疾虚妄"来达到实事求是，破除典籍所载的虚妄之事对人们的蛊惑蒙蔽，改变"人君遭弊，改教于上；人臣愚惑，作论于下"的局面，拨乱反正，实现善治。正如吴光先生所指出的那样，"王充著书立说，是有感于当时各种经书传文荒唐失实，混淆与蒙蔽了历史与现实的真相；有感于各种华文虚言制造了迷信，颠倒了是非曲直，迷乱了世俗人心；有感于当政者遭蔽遇惑，不懂治国理政之道。总之，是为了评定虚实，匡正是非，启蒙解惑，治国化民"[1]。王充在《论

---

[1] 吴光：《王充学说的根本特点——"实事疾妄"》，载《学术月刊》1983年第6期。

衡·对作篇》中对这一目的做了详细的解释：

> 若夫九虚、三增、《论死》、《订鬼》，世俗所久惑，人
> 所不能觉也。人君遭弊，改教于上；人臣愚惑，作论于下。
> 下实得，则上教从矣。冀悟迷惑之心，使知虚实之分。实
> 虚之分定，而华伪之文灭。华伪之文灭，则纯诚之化日以
> 孳矣。

"九虚"包括《书虚篇》《变虚篇》《异虚篇》《感虚篇》《福虚篇》《祸虚篇》《龙虚篇》《雷虚篇》《道虚篇》9篇，虚即虚假不实之论，是对典籍所载或世俗相传的虚假不实之论做考订辨析，指出其谬误之处。

《书虚篇》所订正的是传书诸子的谬误，正如王充所言："夫世间传书诸子之语，多欲立奇造异，作惊目之论，以骇世俗之人；为谲诡之书，以著殊异之名。"（《论衡·书虚篇》）诸子著书大多刻意标新立异，故作惊人之论，来达到惊世骇俗、哗众取宠的效果；故意写出稀奇古怪的书，以此扬名立万。用现在的术语讲，就是追求一种能引起轰动的宣传效果，在自己出名的同时，扩大思想学说的传播范围。但这会造成一种很不好的后果，即世人"以为载于竹帛上者，皆贤圣所传，无不然之事，故信而是之"（《论衡·书虚篇》），对今人所著书中所载的正确内容，因为与古人书中所载虚妄之事相反，反而不敢相信了。《书虚篇》就是为了破除这种荒谬的思维定式，对诸子书中所载的虚妄之事予以

订正，其目的是廓清摧陷，为世人接受正确的知识打下基础。

《变虚篇》《异虚篇》《感虚篇》是对天人相与之际理论部分内容的辨正。《变虚篇》辨正天变与人事的关系，指出天变与人事毫不相干，所谓"变"，是指天象的变化。《异虚篇》内容与《变虚篇》相似，异是指自然界出现的非正常现象，在天人相与之际理论中，自然界一些非正常或非常见的现象，往往与政治得失、人事吉凶附会在一起，对此王充据实予以驳斥。《感虚篇》是批驳人能感动天的旧说，也属于广义的天人相与之际理论。王充驳斥天人相与之际理论的篇章，不仅仅局限于这三篇，还有《寒温篇》《谴告篇》《变动篇》《明雩篇》《顺鼓篇》《讲瑞篇》《指瑞篇》《是应篇》《遭虎篇》《乱龙篇》《商虫篇》《治期篇》《感类篇》等，其亡佚的《招致篇》，从篇名来看，也应属于此类内容，几乎涵盖了天人相与之际理论的方方面面。可以说，驳斥天人相与之际理论，是王充"疾虚妄"的重点内容。《卜筮篇》则是力辩卜筮所得结果与天地神灵无关，不可信从，同样是驳斥天变与人事之间的关系。

如果和汉代的政治社会联系起来，便会看出王充破除这些迷信思想的深意。天人相与之际理论在中国思想文化传统中源远流长，据形成于周初的文献《洪范》来看，最起码在殷商时期已经相当成熟，并形成了体系。在汉代，天人相与之际理论无论是对学术思想界还是对朝堂政治，都有重大影响。西汉初年，游走在政治和学术思想界的陆贾即是此理论的信徒，他宣称"恶政生恶气，恶气生灾异。螟虫之类，随气而生，虹霓之属，因政而见。治道失于下，则天文变于上；恶政流于民，则螟虫生于野"。此后，在学术思想界，董仲舒结合春秋公羊学，把天人相与之际理论进一步系统化，并形成了一个庞大的体系。刘向则沿着传自伏生的《五行传》的方向进一步推演，把源于《洪范》的天人相与之际理论发扬光大。还有以京房为代表的象数易学派，也将易学与天人相与之际理论相结合，形成自己的理论学说，并用以干政。汉代诸帝也普遍相信天人相与之际理论。汉文帝前元二年（前178）十一月癸卯晦，日食，文帝便下诏求谏，"人主不德，布政不均，则天示之灾，以戒不治。乃十一月晦，日有食之，适见于天，灾孰大焉"，要求辅政大臣"其悉思朕之过失，及知见思之所不及，匄以告朕。及举贤良方正能直言极谏者，以匡朕之不逮。因各饬其任职，务省徭费以便民"①，并裁撤了自己的卫军。在宣帝朝，几乎每次灾异祥瑞，都要采取相应的政治措施来应答天意。据《汉书·宣帝纪》所载，宣帝在位二十六年间，因祥瑞而赏赐吏民的有十三次之多，因灾异而修刑政或下诏检讨的也有七次之多。

　　武帝朝甚至以占卜结果来决定军事活动，《史记·龟策列传》载："会上欲击匈奴，西攘大宛，南收百越，卜筮至预见表象，先图其利。及猛将推锋执节，获胜于彼，而著龟时日亦有力于此。"②武帝自己在《轮台罪己诏》中沉痛地总结了这些

---

① 司马迁撰：《史记·孝文本纪》，中华书局1982年版，第422页。
② 司马迁撰：《史记·龟策列传》，中华书局1982年版，第3224页。

教训：

> 古者卿大夫与谋，参以蓍龟，不吉不行。乃者以缚马书遍视丞相、御史、二千石、诸大夫、郎为文学者，乃至郡属国都尉成忠、赵破奴等，皆以"虏自缚其马，不祥甚哉！"……《易》之，卦得《大过》，爻在九五，匈奴困败。公车方士、太史治星望气，及太卜龟蓍，皆以为吉，匈奴必破，时不可再得也。又曰："北伐行将，于鞨山必克。"卦诸将，贰师最吉。故朕亲发贰师下鞨山，诏之必毋深入。①

由于武帝对于占筮的重视，一批有名的职业占筮者丘子明之属得到宠幸，并借由占筮作威作福，"素有眦睚不快，因公行诛，恣意所伤，以破族灭门者，不可胜数"②，一度引起朝廷的恐慌。

天人相与之际理论还被用于政治斗争，成为朝廷大臣争权夺利、相互倾轧的工具。典型的如谷永，谷永在建始三年（前30）利用"日食婺女之分，地震萧墙之内，二者同日俱发"的现象，上疏攻击成帝许皇后，以讨好成帝的母亲王太后及王氏一门。

① 班固撰、颜师古注：《汉书·西域传》，中华书局1965年版，第3913页。

② 司马迁撰：《史记·龟策列传》，中华书局1982年版，第3224页。

　　许皇后是元帝为成帝所聘，史称"聪慧，善史书，自为妃至即位，常宠于上，后宫希得进见"①。成帝的母亲王太后及成帝诸舅因成帝无子嗣，对许皇后非常不满。另外，由于元帝格外照顾许氏，许皇后的父亲许嘉自元帝时为大司马车骑将军辅政，许氏势力一时无两。成帝即位后，其外家王氏在其母亲王太后的支持下也逐渐崛起，与许氏形成争权之势。"及成帝立，复以元舅阳平侯王凤为大司马大将军，与嘉并。杜钦以为故事后父重于帝舅，乃说凤曰：'车骑将军至贵，将军宜尊之敬之，无失其意。盖轻细微眇之渐，必生乖忤之患，不可不慎。卫将军之日盛于盖侯，近世之事，语尚在于长老之耳，唯将军察焉。'"②这也是王太后及王氏不满许皇后的一个重要原因。谷永见"上初即位，谦让委政元舅大将军王凤……永知凤方见柄用，阴欲自托"③，借对策之机，运用天人相与之际理论为王氏助力，指责成帝专宠许皇后，并指斥许皇后不遵妇道，招致日食。是年夏天成帝召见谷永，谷永再言"日食地震，皇后贵妾专宠所致"④。

　　更有甚者执着于天人相与之际理论，对汉王朝统治的合法性形成严重挑战。昭帝元凤三年（前78）正月，泰山"有大石自立，高丈五尺，大四十八围，入地深八尺，三石为足"，昌邑

①　班固著、颜师古注：《汉书·外戚传》，中华书局1965年版，第3974页。
②　班固著、颜师古注：《汉书·外戚传》，中华书局1965年版，第3974页。
③　班固著、颜师古注：《汉书·谷永传》，中华书局1965年版，第3451页。
④　班固著、颜师古注：《汉书·谷永传》，中华书局1965年版，第3451页。

又有枯死的社木倒伏后新生枝叶，皇家苑囿上林苑中也有一株倒地的枯柳树复活，且自己竖立起来，有虫食树叶成文字"公孙病已立"，眭弘根据天人相与之际理论，以为"当有从匹夫为天子者。枯社木复生，故废之家公孙氏当复兴者也"①。于是他委托友人内官长赐上疏："先师董仲舒有言，虽有继体守文之君，不害圣人之受命。汉家尧后，有传国之运。汉帝宜谁差天下，求索贤人，禅以帝位，而退自封百里，如殷周二王后，以承顺天命。"②根据董仲舒的天人相与之际理论，眭弘提出要汉昭帝学习尧舜禅让，让位于贤人，并说这是天命。甘忠可杂糅天人相与之际理论造出汉"再受命"说，提出"汉家逢天地之大终，当更受命于天"③，甘忠可虽以妖言惑众被治罪，并死于狱中，但他的"再受命"说经弟子贺良和李寻的宣扬，对哀帝朝政治产生重大影响，并导致哀帝上演"再受命"的闹剧。贺良一度"奏言大臣皆不知天命，宜退丞相御史，以解光、李寻辅政"④，闹得人心惶惶，严重影响了政局的稳定。后来王莽之所以成功取代汉室建立新朝，所依据的也是天人相与之际理论。

天人相与之际理论和卜筮决吉凶的做法，把国家的治理引向缥缈无凭的天意，尽管其初心不乏借助天意来约束皇权匡正时政的良法美意，在实践中的效果却是"种下龙种，收获跳

---

① 班固著、颜师古注：《汉书·眭弘传》，中华书局1965年版，第3154页。

② 班固著、颜师古注：《汉书·眭弘传》，中华书局1965年版，第3154页。

③ 班固著、颜师古注：《汉书·李寻传》，中华书局1965年版，第3192页。

④ 班固著、颜师古注：《汉书·李寻传》，中华书局1965年版，第3193页。

蚤", 不仅导致一些荒谬至极的决策出台, 还成为政治斗争的工具, 甚至被用来质疑汉帝国统治的合法性, 严重影响到汉帝国政权的稳定。王充意图唤醒统治者从虚无的天道中醒悟过来, 任用贤者, 故而他提出信灾异之气不如信当世贤士: "上天之心, 在圣人之胸; 及其谴告, 在圣人之口。不信圣人之言, 反然灾异之气, 求索上天之意, 何其远哉? 世无圣人, 安所得圣人之言? 贤人庶几之才, 亦圣人之次也。"(《论衡·谴告篇》)王充提出, 天心在圣人之胸, 天意就是圣人之意, 圣人之言就是天之所谴告, 求天意当就圣人之言求之, 无圣人则求之于贤人, 其深意在于把国家的治理建立在尊贤使能的基础之上。

《道虚篇》订正的是道士关于神仙的传说和服食修炼以延年益寿的理论。自战国时齐威王、齐宣王和燕昭王所掀起的入海寻找三神山求不死药活动, 一直延续到秦皇汉武时期, 并再掀高潮。据《史记·秦始皇本纪》记载, 自秦皇二十八年(前219), "齐人徐市等上书, 言海中有三神山, 名曰蓬莱、方丈、瀛洲, 仙人居之。请得斋戒, 与童男女求之。于是遣徐市发童男女数千人, 入海求仙人"①, 至三十七年秦始皇崩于沙丘, 先后四次遣徐市等方士入海寻三神山觅不死药。汉武帝先后重用方士李少君、栾大、公孙卿等入海寻神山, 并因此封泰山, 多次东临海上。直至晚年, 汉武帝虽热情有所减退, 但心里仍存一丝幻想: "天子益怠厌方士之怪迂语矣, 然羁縻不绝, 冀遇其

---

① 司马迁撰:《史记·秦始皇本纪》, 中华书局1982年版, 第247页。

真。"①这些活动劳民伤财，给国计民生带来重大消极影响。而入海寻三神山觅不死药活动之所以能从战国延续到西汉，其思想根源就在于对神仙和服食长生的迷信，王充考订关于神仙传说的虚妄，又指出"诸学仙术，为不死之方，其必不成"（《论衡·道虚篇》），目的就在于从理论根基上摧毁对神仙的信仰和对长生不死的迷恋，避免这种劳民伤财的活动再次发生。

《福虚篇》和《祸虚篇》是对因果报应思想的批判。王充在《福虚篇》指出，"世论行善者福至，为恶者祸来。福祸之应，皆天也，人为之，天应之。阳恩，人君赏其行；阴惠，天地报其德。无贵贱贤愚，莫谓不然"，如果就实而论，并非如此。《雷虚篇》和《龙虚篇》则是针对世俗关于雷和龙的迷信传说予以订正，指出这些传言"如考实之，虚妄言也"。关于批判迷信思想或传说的内容，还包括《论死篇》《订鬼篇》《死伪篇》《纪妖篇》《四讳篇》《调时篇》《讥日篇》《卜筮篇》《难岁篇》《辨祟篇》《诘术篇》《解除篇》。其中《论死篇》《订鬼篇》《死伪篇》对人死后为鬼的观点进行批驳，论证人死精神亦随之消失，不能独存为鬼。《纪妖篇》内容与之相似，只不过前者所针对的是鬼，该篇所针对的是妖或者神怪之类，王充指出这些所谓的神怪之类均不可能是真实的存在，可能是"妖祥之气"所化。《四讳篇》《调时篇》《讥日篇》《难岁篇》《辨祟篇》是对民间禁忌迷信的批判，指出这些禁忌虽然相沿已久，但均毫无

---

① 司马迁撰：《史记·封禅书》，中华书局1982年版，第1403—1404页。

道理。《诘术篇》《解除篇》则是针对江湖术士骗人的把戏，这里的术，主要是传统堪舆家所传的那套风水学理论，解除则是指祈禳去灾祸。王充运用归纳类比的方法，从逻辑上指出这些骗人把戏的荒谬之处，以警醒世人。

这些迷信思想，同样对汉朝老百姓的生产生活产生了重大的消极影响，无端给人们的生产生活带来许多无谓的束缚，也是王充重点批判的对象。王充批驳人死为鬼的迷信思想，是有感于世间"破家尽业，以充死棺""竭财以事神，空家以送终"的厚葬之风，给人们带来沉重的负担，其终极目的是移风易俗，"死人无知之实可明，薄葬省财之教可立"，提倡薄葬，减轻百姓负担。世俗以为养正月、五月出生的儿子为不祥，导致很多孩子被弃养。还有江南以为妇女生孩子时也是不祥的，很多妇女生完孩子不让住在家里，而是在野外道旁随便搭建个简易建筑坐月子，给妇女及新生儿的生命健康造成很大威胁。还有关于岁星的忌讳、祸祟的忌讳，以为向西扩建宅院不祥等。王充均认为是无稽之谈，并指出忌讳的实质："夫忌讳非一，必托之神怪，若设以死亡，然后世人信用畏避。"（《论衡·四讳篇》）如果考察这些所谓的忌讳，就会发现都是"有空讳之言，无实凶之效，世俗惑之，误非之甚也"（《论衡·四讳篇》）。王充的目的在于解除笼罩在老百姓头上的迷信思想的束缚，使他们不做无谓的牺牲或者白白浪费财产。

"三增"即《语增篇》《儒增篇》《艺增篇》3篇，增是夸大的意思，虽有其事，但经后人添枝加叶、夸大其词，已经偏离真相。王充经过逻辑推理或考证，剥除后人所附会增益的部分，还原真相，免得谬种流传，误导后人。

王充在《对作篇》中说："故夫贤人之在世也，进则尽忠宣化，以明朝廷；退则称论贬说，以觉失俗。俗也不知还，则立道轻为非；论者不追救，则迷乱不觉悟。"他提出贤者应该有对世道的担当，在朝则应尽职尽责宣扬朝廷教化，以明朝廷圣德；在野则应著书立说，评论是非，主导舆论，让那些迷失在陋俗恶习中的人觉醒过来。如果人们迷途不知返，就要进一步建立是非标准，抨击鄙视那些执迷不悟的人。如果贤者不去做这些事情，人们就不会觉悟。匡正时俗、扶持风化，让人们从虚无缥缈的天人相与之际理论中解脱出来，解除加在人们身上的各种迷信和禁忌的束缚，以便更好地生活，这就是王充"疾虚妄"的主要目的。

二、"归实诚"：善治之基

王充深感"盖言语之次，空生虚妄之美；功名之下，常有非实之加"，"儒者说五经，多失其实。前儒不见本末，空生虚说。后儒信前师之言，随旧述故，滑习辞语"（《论衡·正说篇》）。有鉴于此，他对经传所载民间所传的虚妄之事和不实之论，一一考订，辨明是非。之所以这样做，在于他坚持认为治国化民必须建立在实事求是的基础之上，"下实得"是"上教从"的基础，国家应该有直面真实的勇气，不应该也不可能靠编造虚假之词和不实之论达到相应目的。相反，编造、篡改事情的真相往往会给国家治理带来麻烦和困扰，造成"人君遭弊，改教于上；人臣愚惑，作论于下"的局面，与治国化民的目的背道而驰。王充有感于"虚妄之语不黜，则华文不见息；华文放流，则实事不见用"，必须实事疾妄，还历史以真实，"冀悟迷惑之心，使知虚实之分。实虚之分定，而华伪之文灭"，如此才能实现"纯诚之化日以孳"的善治目的。

因此，"疾虚妄"只是起点，"归实诚""务实诚"才是落脚处。王充认为，圣贤作经传的目的，就在于"匡济薄俗，驱民使之归实诚也"_{（《论衡·对作篇》）}，他本人作"九虚""三增"，目的也在于"使俗务实诚也"_{（《论衡·对作篇》）}。王充在批判、揭露虚假之事和不实之论的同时，尽量做到还原真相，得出实论。

关于书传所载的虚妄之事，王充在证定其虚妄的同时，还进一步分析研究，得出真实情况。如书传钱塘潮、广陵涛起因的记载，以为吴王夫差杀了忠臣伍子胥，并放在镬里煮，又用皮口袋装了把他丢到江里，伍子胥愤恨难平，故驱江水为涛。王充在论述伍子胥死不能驱水为涛后，进一步指出，地上众多的河流就如同人的血脉，血在血管中流动，脉搏显得一张一弛，自然而有节奏。河流也一样，早潮和晚潮一来一去，就像人的呼吸一样。这些都是天地的本性，上古时就是如此。"《经》曰：江、汉朝宗于海。"尧、舜以前就有潮汐，潮汐从大海中出发的时候，水面宽阔、平缓；一流进三江里，因为江小、江床浅、江面狭窄，于是水急浪起，这才是钱塘潮、广陵涛形成的真实原因。对于"舜葬于苍梧，象为之耕；禹葬会稽，鸟为之田"的传说，王充通过逻辑分析，不仅得出"考实之，殆虚言也"的结论，还进一步指出真实的情况应该是苍梧为多象之地，会稽为众鸟所居，象践踏土、鸟食野草都是出自本能，但是经过象的践踏和鸟的啄食，土地上野草净尽松软如耕，方便人们在上面种田，故误解为象为舜耕、鸟为禹田。对于此类以讹传讹之事，王充或运用常理判断或运用逻辑分析，一一指出其谬误及可能的真相。

关于人死为鬼的迷信，王充不仅指出"试以物类验之，人死不为鬼，无知，不能害人"_{《论衡·论死篇》}，还正确解释了见鬼是幻觉的事实，"凡天地之间有鬼，非人死精神为之也，皆人思念存想之所致也。致之何由？由于疾病。人病则忧惧，忧惧见鬼出。凡人不病则不畏惧。故得病寝衽，畏惧鬼至；畏惧则存想，存想则目虚见"_{《论衡·订鬼篇》}。王充解释说所谓天地之间有鬼，并不是人死后精神变成的，而是人的思想过于集中造成的幻觉。人一生病就会害怕鬼来，因为生病往往和死亡联系，怕鬼来实际上是怕死，越怕心思就会越往那方面想，便容易出现幻觉。在当时来讲，堪称卓识。

关于神仙的传说，王充在指出淮南王刘安"遂得道，举家升天。畜产皆仙，犬吠于天上，鸡鸣于云中。此言仙药有余，犬鸡食之，并随王而升天也"的传说为虚言的同时，又指出他"乃与伍被谋为反事，事觉自杀，或言诛死"_{《论衡·到续篇》}的事实，这样，得道成仙之说不攻自破。

关于因果报应，"世论行善者福至，为恶者祸来。福祸之应，皆天也，人为之，天应之"，王充通过考察各种案例，认为"斯言或时贤圣欲劝人为善，著必然之语，以明德报；或福时适遇者以为然"《论衡·福虚篇》。这种说辞不过是圣贤劝人为善之语，或者有人行善偶然遇到了福报。王充还通过仔细考察各种禁忌，指出很多忌讳实际上包含一些合理的因素，但与吉凶无关。比如认为妇女生孩子不祥，实际上是出于对清洁卫生的追求。还有关于坐屋檐下的忌讳，实际上是担心被坠落的瓦片砸伤，如此等等。之所以都假借吉凶之名，其目的在于让人谨慎行事，避免不必要的伤害。即使以今天的眼光来看，王充的分析依然极具洞见，对于理解禁忌起源很有帮助。

如前所述，王充在"疾虚妄"后，之所以进一步"归实诚"，在于他认为善治必须建立在实事求是之上，"下实得，则上教从矣"（《论衡·对作篇》）。以《论死篇》《订鬼篇》为例，尽管孔子因为随葬的东西不够节俭，情急之下不顾礼仪"径庭丽级"，穿过庭院跨上台阶予以阻止，刘向上书给皇帝提倡薄葬，光武帝称赞古人用草车茅马随葬，这些圣贤在薄葬方面都给世人做出了榜样，但是效果并不好，根本原因在于人相信死后会变成鬼，在另一个世界继续生活。人之所以相信关于鬼的传言，在于书上有许多关于见鬼的记载。王充不仅指出"明死无知，不能为鬼"，要使人相信他的观点，还必须对书上所载的众多见鬼事件做出合理的解释。只有如此，人们才会相信人死后无知，不能为鬼，也就会接受薄葬的做法，从而节约民财，于国于民都有益处。如果仅仅"疾虚妄"，而不能"归实诚"，相关现象得不到合理解释或正确的答案，则不具备更强的说服力。"疾虚妄"是对错误认识或观点的批判，"归实诚"是给出正确的认识或解释，让人们接受正确的观点和事情的真相。

三、实事疾妄的方法及局限性

为"疾虚妄""归实诚"，王充还创造性地提出自己的判断方法："论事则考之以心，效之以事，浮虚之事，辄立证验。"（《论衡·对作篇》）

先说"效之以事"，也就是效验，通过事实来验证判断。王充在《薄葬篇》中说："事莫明于有效，论莫定于有证。"无论是典籍所载的事件还是理论，只要有事实来作验证，就真实无疑。他又在《知实篇》中说："凡论事，违实不引效验，则虽甘义繁说，众不见信。"效与验在古代意思相近，《广雅·释言》曰："效，验也。"《吕氏春秋·察传》注："验，效也。"在《雷虚篇》中，王充针对质疑者以《论语》中所记载的孔子"迅雷风烈必变"和《礼记》"有疾风迅雷甚雨则必变，虽夜必兴，衣服，冠而坐"的记载作为雷为天怒、雷击是惩处人背地里做坏事的证据，指出《论语》和《礼记》的相关说法都是关于君子的，君子持重谨慎，自知没有过错，所以不畏惧雷，"则其变动不足以效天怒"；如果连君子也畏惧雷，那么"亦不足以效罚阴过"。这里的"效天怒""效罚阴过"，即是验证之意。君子无阴过，内省不惧，不应当畏惧天怒；如果连无辜的君子也畏惧雷，那么就说明雷不是惩罚过错的，无过者也可能遭到雷击。

王充指出，质疑者引《论语》和《礼记》相关内容验证雷为天怒、雷击是罚阴过在逻辑上不自洽，因而不能成立。王充还列举了"雷为火"之五验，其中一验是观察遭雷击致死的人，如果雷击中头部须发都会烧焦，击中身体则皮肤被烧伤，尸体散发火烧过的味道，同样也是以事实验证。最后王充得出结论："论雷之为火有五验，言雷为天怒无一效，然则雷为天怒，虚妄之言。"故而王充"效之以事"即是效验，也就是以事实为验证。

如何进行效验，王充提出两种方法。一种是综合考察事物的完整情况，依靠直接事实做验证，看看是否自洽。《语增篇》云："凡天下之事，不可增损，考察前后，效验自列，自列，则是非之实有所定矣。"王充提出以效验作为明辨是非之实的方法，只要完整地考察，掌握全部信息，就能做出正确的判断。比如世上传言纣"力能索铁伸钩"，纣力大无穷，徒手即能将铁筋编成铁索，又能把铁钩取直；又言"武王伐纣，兵不血刃"。如果综合考察这两件事，就会发现不可能同时为真：既然纣力大无穷，又有飞廉、恶来等心腹为助，就不可能毫无战斗力，被武王轻易击败。再考察《武成》，"牧野之战，血流浮杵，赤地千里"，说明战斗很激烈。所以如果从整个事件的全部记载来考察，就会发现"兵不血刃"说不可信，是为了美化武王之德而夸大伐纣容易之语。再如，天人相与之际理论认为"以久雨为湛，久旸为旱。旱应亢阳，湛应沉溺"，认为大旱、大涝都与人君为政有关，是对人君政治之失的惩戒。

王充综合考察了帝王在位时的情况，发现"湛之时，人君未必沉溺也；旱之时，未必亢阳也"，"人君为政，前后若一"，却有时旱有时涝。用事实验证"旱应亢阳，湛应沉溺"之说是无稽之谈。

另一种是"推类验之""方比物类"，通过对相同或相似的事件作类比来判断。有些传言难以完整观察其历程，找不出直接的事实来验证，就可以采取类比类推法。比如关于李广难封的原因，王朔认为他一定做过伤天害理之事导致报应，李广经过自省，也认为是他在担任陇西太守时杀害八百降者一事招致上天的惩罚。但王充认为这种说法经不起效验，李广未能封侯与孔子未能王天下情况类似，如果李广是因为做了亏损阴德之事导致报应，那孔子也应该出于同样的情况。但大家都不认为孔子做过亏损阴德之事，王朔认为李广因此难封，显然是虚而无验之言。再说，兵荒马乱之世，杀人越货、图财害命的多了，有些歹徒一生富厚安乐，上天并没有对他们不仁不义的恶行加以惩罚，可知李广难封是遭报应的说法不值得信。

再说"考之以心"，也就是运用人的理性来判断。在王充看来，这是比效验更高明的判断方法，他在《薄葬篇》中说："夫论不留精澄意，苟以外效立事是非，信闻见于外，不诠订于内，是用耳目论，不以心意议也。夫以耳目论，则以虚象为言；虚象效，则以实事为非。是故是非者不徒耳目，必开心意。"如果不经过理性的思考，仅凭外界事物佐证，有时就会被假象蒙蔽，导致以非为是。所以"疾虚妄""归实诚"还必须借助理性思考。

当然，以理性判断并不是凭空臆断，考察王充"考之以心"，也有两条途径。一条是以常识为判断标准，违反常识的东西即是虚妄。比如，儒者传言战国时期的名医文挚被齐潜王在鼎里烹了三天三夜都没死，且颜色不变。王充指出，凡是呼吸的东西，气绝则死，烹之则烂，这是常识。说文挚不死，违背常识，即是虚妄之言。另一条是逻辑判断，"揆端推类"。儒者传言，太平盛世天生屈轶草生于王庭的角落，佞人入朝，屈轶草即指之，这是上天对圣王治国有方的回报。王充从逻辑上驳斥了这种谬论，天生屈轶草指示奸佞，不如赋予圣王辨别奸佞的功能，使他自己明辨奸佞，或者上天本来就不让奸佞生出。先让奸佞生出，再生屈轶草来指明奸佞，上天也太喜欢麻烦了吧。这样从逻辑上一层层推论开去，读者便会觉得儒者传言屈轶草生王庭之事荒唐可笑。再如，天人相与之际说认为自然灾害是上天对人君的谴告，人君有恶行秽政，上天就会降灾害以惩戒之。王充指出，按照这个逻辑，尧时有洪水，汤时有旱灾，则尧和汤就是典型的恶君。而在儒家学说中，尧和汤都是圣君，所以天降灾害惩戒恶君之说不成立。

由于时代的局限性，王充的实事疾妄并不彻底，比如他信命、信骨相。他虽然敢于挑战权威，主张"事有证验"，但依然存在"折中于六经"的倾向。比如，他判定孔子颜回登泰山望吴阊门一事不可信的依据之一便是"案《论语》之文，不见此言。考六经之传，亦无此语"（《论衡·书虚篇》）。再比如，他虽然对天人相与之际说有所质疑，但并没有从根本上否定天人相与之际说的基础，他所否定的仅仅是前人的解释。比如他认为桑谷可能是亡国之兆，不一定是为殷高宗而生，而是为纣王而生。再比如，他对于"鸜鹆来巢"之事，认为这种征兆是真实的，并且不可以通过修德来消弭。"鸜鹆来巢"之事见《左传·昭公二十五年》：

> "有鸜鹆来巢"，书所无也。师己曰："异哉！吾闻文、成之世，童谣有之，曰：'鸜之鹆之，公出辱之。鸜鹆之羽，公在外野，往馈之马。鸜鹆跦跦，公在乾侯，征褰与襦。鸜鹆之巢，远哉遥遥，稠父丧劳，宋父以骄。鸜鹆鸜鹆，往歌来哭。'童谣有是。今鸜鹆来巢，其将及乎！"[1]

鲁昭公二十五年（前517），有鸜鹆筑巢于鲁国的榆树之上。鸜鹆就是八哥，鲁国没有这种鸟，飞来鲁国筑巢也是从未有过的事情，所以孔子在修《春秋》之时就把这事给记下来了。"文、成之世"是说鲁文公至鲁成公在位期间，鲁国流传一首和鸜鹆有关的民谣，见上文所引。师己见到鸜鹆来鲁国筑巢，又想起这首童谣，认为这是鲁昭公将亡国流亡的征兆。后来鲁昭公在和季氏的政争中失败，果然被逐出鲁国，流亡于乾侯。王充认为："使昭公闻师己之言，修行改政为善，居高宗

---

① 吕祖谦：《左氏博议·鸜鹆来巢》，浙江古籍出版社2017年版，第117页。

之操，终不能消。何则？鹳鹆之谣已兆，出奔之祸已成也。鹳鹆之兆，已出于文、成之世矣。根生，叶安得不茂？源发，流安得不广？"（《论衡·异虚篇》）既然在鲁文公、鲁成公时期就有这个兆头，那么它预示的坏事总要发生，并不是鲁昭公通过修德行仁政就可以消弭的。他甚至以褒姒亡国的例子来佐证自己的观点，认为周幽王、周厉王亡国的征兆出现在夏朝二龙战于庭之时，历千余年，虽然周王朝出了那么多明君贤相，但都不足以消弭，最终总是要应在周幽王、周厉王身上的。总之，王充坚信"善祥出，国必兴；恶祥见，朝必亡"（《论衡·异虚篇》），他所不信的，只是"天有灾异者，所以谴告王者"（《论衡·异虚篇》），以及王者修德行道可以消弭灾异，而这恰恰是天人相与之际说的精华部分。

又比如王充对于鬼的解释，一方面他指出见鬼是人的幻觉，另一方面又列举出各种鬼来，比如老物精、人所见得病之气等，足有六种之多。这说明，王充对鬼的认识并不彻底，他只是否认人死后会化为鬼害人而已。

以上均是王充实事疾妄的局限性，同时也说明王充所采用的效验论和归纳、类比之法本身具有一定的局限性。当然，这对于王充来说是白璧微瑕，我们也不能以今天所达到的认识标准来苛责古人。

　　和同时代的学者相比，王充的学术思想有着浓郁的家国情怀。尽管他为了逃避仇家的报复，多次迁居，晚年还一度流寓丹阳、九江、庐江等地，但王充始终对家乡充满深厚的感情。同样，王充长期处于社会基层，做过最大的官也不过是郡功曹、州治中之类，但他对汉帝国忠心耿耿，并没有因为怀才不遇而心生怨恨不平之情。他自称"在乡里，慕蘧伯玉之节"，"位不进，亦不怀恨。贫无一亩庇身，志佚于王公；贱无斗石之秩，意若食万钟。得官不欣，失位不恨"。所谓"蘧伯玉之节"，是指《论语·卫灵公》中所记载的孔子对蘧伯玉的称赞："君子哉蘧伯玉！邦有道，则仕；邦无道，则可卷而怀之。""可卷而怀之"，即把自己的才能隐藏起来，不出来做官，藏锋守拙，遁世无闷，与孔子"用之则行，舍之则藏"的思想一致。王充虽然贫无一亩，官无斗秩，但是他为人豁达，这种安贫乐道的心态让他忘记了个人的得失荣辱，对汉帝国取得的辉煌成就发出由衷的赞叹，并在《论衡》中极力颂扬。

一、美越的家乡情结

在王充那个时代，浙江地区的文化虽然取得了迅速的发展，但从整体上而言，还是比较落后的。王充也深知这一点，自称"《论衡》之人在古荒流之地"（《论衡·须颂篇》），但对于生他养他的父母之邦，还是充满感情。王充热爱家乡，更多地体现在他对会稽文人的极力表彰上，比如周长生、严忌、吴平等。

周长生在当时名不见经传，但因同为会稽人，王充对他推崇备至，称他为"文士之雄"。周长生生平事迹不详，据王充《超奇篇》所载，周长生曾先后做过州刺史任安和郡太守孟观的属吏，并为他们起草奏章，回复朝廷的责难。由于周长生文笔优长，朝廷看了奏章便未再继续责难州郡。王充抓住这一点大讲特讲，甚至将他比作邹衍。周长生著有《洞历》10篇，其内容"上自黄帝，下至汉朝，锋芒毛发之事，莫不纪载"（《论衡·超奇篇》），王充将之与司马迁在《史记》所作的"十表"和"本纪"相媲美，并将周长生列入鸿儒一类，这是王充评论人才的最高级别，获此殊荣的不过桓谭、扬雄等人。由于当世会稽郡属于文化相对落后地区，王充便把会稽出周长生这样的人才比作"白雉贡于越，畅草献于宛，雍州出玉，荆、扬生金"，他以"珍物产于四远幽辽之地"（《论衡·超奇篇》）来比喻会稽出周长生的合理性。王充甚至把周长生视为儒家文化传承中的重要一环："孔子曰：'文王既没，文不在兹乎！'文王之文在孔子，孔子之文在仲舒。仲舒既死，岂在长生之徒与？何言之卓殊，文之美丽也！"他盛称周长生为"说文辞之伯，文人之所共宗"（《论衡·超奇篇》），还深为周长生未能得到世人的重视鸣不平，认为周长生未能显达是因为他侍奉的两位州郡长官任安和孟观是俗人，不足以赏识周长生而使之显贵。同时，王充还认为周长生文名不著，是世人厚古薄今的原因："俗好高古而称所闻，前人之业，菜果甘甜；后人新造，蜜酪辛苦。长生家在会稽，生在今世，文章虽奇，论者犹谓稚于前人。"（《论衡·超奇篇》）他认为周长生生于文化相对落后的会稽郡，又是当世之人，由于厚古薄今的观念作祟，使得大家没有真正认识到其文章的价值，所以才认为他的文章比不上古人。王充激烈地批评这种观点，他提出衡量人才不能以古今分等级，而应该实事求是，"优者为高，明者为上"，只要足够优秀，就要置于前列。

其实不仅是周长生，对于会稽文人，王充总是超规格予以表彰，深以会稽所出的文人为傲："前世有严夫子，后有吴君高，末有周长生。"（《论衡·超奇篇》）严夫子即严忌，严助之父，西汉前期辞赋家，曾为吴王刘濞门客，因上书谏阻吴王刘濞谋反不见听从，遂离开吴国投奔梁孝王。吴平为《越绝书》作者之一。王充把吴平和周长生比作"能知之囊橐，文雅之英雄"，又把他们的著作与刘向、扬雄相提并论："君高之《越纽录》，长生之《洞历》，刘子政、扬子云不能过也。"（《论衡·超奇篇》）而王充曾称赞扬雄作《太玄》"造于眇思，极窅冥之深，非庶几之才，不能成"，是"卓尔蹈孔子之迹，鸿茂参贰圣之才"，更引桓谭的话说扬雄"汉兴以来，未有此人"。实事求是地讲，吴平和周长生在思想学术史上的地位，远不能与扬雄、刘向相提并论。

王充不顾自己所提倡的"归实诚"，把吴平、周长生和扬雄、刘向并列推崇，体现了他对家乡人才的偏爱和他对家乡深厚的感情。关于这点，他也从不避讳，明确表示自己在《超奇篇》中着重记录周长生是因为同乡的缘故："同姓之伯贤，舍而誉他族之孟，未为得也。"伯和孟都是家族兄弟排行中的老大，王充以家族喻家乡，说明自己偏爱会稽文人的理由，并以孔子作《春秋》用鲁国纪元为例为自己辩护，说明圣人也是偏爱自己家乡的，反映了他对家乡的一片热忱。

二、宣汉的爱国热忱

前已言之，王充的老师班彪学术思想的一大特点就是忠于汉室，哪怕在王莽统治时期赤眉、绿林竞起反抗的最黑暗时代，班彪也毫不动摇对汉室的忠诚。在这一点上，王充深受班彪影响，他对汉王朝也是发自内心的热爱。他作《论衡》的目的之一，便是"为汉平说"。所谓平说，王充在《须颂篇》中有个非常形象的比喻："地有丘洿，故有高平，或以锸平而夷之，为平地矣。"地面上有山丘和池塘，所以就显得有高有低，如果用铁锹把山丘的土石填入池塘中，地面就成为平地了。这里的山丘就是五帝、三王，他们的圣德功绩被儒家载入经书，所以看起来他们的形象就像山丘那样高大；池塘就是汉王朝，汉朝事迹无人记载颂扬，所以看起来汉朝的形象和五帝、三王就像高山和洿池那样差距巨大。王充在《宣汉篇》中说："俗好褒远称古，讲瑞则上世为美，论治则古王为贤，睹奇于今，终不信然。使尧、舜更生，恐无圣名。"之所以会出现这种情况，在于世俗厚古薄今的思想作祟，说到天降祥瑞，就认为古代是最好的；论及治国理政，也会以古代帝王为贤明。这种迷信往古菲薄当世的思想，说到底和儒生们所读的诗书有关。王充打比方说，猎人捕获禽兽，围观者就会喜欢打猎活动，他们见不到渔夫，也就不去想捕鱼的事儿。同理，在齐国观光就不会想到鲁国，在楚国游览就不会想到宋国。由于唐、虞、夏、殷的事迹都记在长二尺四寸的经书上，儒生沉浸其中，朝夕讲习，不看有关汉朝丰功伟绩的记载，就会形成一种偏见，以为汉朝比不上五帝、三王之世，道理就和"观猎不见渔，游齐、楚不愿宋、鲁"

（《论衡·宣汉篇》）一样。假如有精于著述之士撰述汉代功烈，使之与《尚书》《春秋》比肩而立，接续六经为七经，成为儒生日常讲习的经典，那么从当时的汉明帝直至汉高祖都会成为圣帝，地位也会超过五帝、三王。王充所做的就是这方面的工作，他"以论为锸"，一方面减损对五帝、三王的颂扬，一方面增加对汉王朝丰功伟绩、盛德大业的颂扬，这样，汉王朝的形象和五帝、三王相比就会反过来，汉如高山，五帝、三王似洿池。王充的《论衡》，就是改变汉王朝形象的那把锸。

具体来说，王充做了两方面的工作。

第一，尽心竭力地为汉王朝辩护。王充在《齐世篇》《宣汉篇》等集中笔墨为汉王朝辩护，批判汉世不如五帝、三王之世的尊古贱今的偏见，多方面论证汉世与尧舜之世、成康之世等儒者代代相传的理想治世相比，有过之而无不及。

　　他认为，世人尤其是儒者对于上古之世多美化之词，以为上古之世事事都好，就连百姓长得也好，身材修长，体格强健又长寿，且德性质朴，容易教化，人皆重道义、轻生死，杀身成仁，舍生取义。上古的帝王如尧舜都有圣德，所以推行禅让制，到了汤武征伐，便已是德劣化薄。与美化上古相反，世人对于所处的汉朝则多贬低之语，在他们看来，由于汉朝并非圣王治世，所以百姓不仅身材矮小、面目丑陋，而且短寿，品行浮华轻薄，难以治理，并且不讲求道义，"趋利苟生，弃义妄得，不相勉以义，不相激以行"_{《论衡·齐世篇》}，对于自己废弃道义、败坏品行的行为毫不在意。王充对此深不以为然，他毫不客气地批评"此言妄也"，是无稽之谈。

　　王充否认汉王朝帝王不如五帝、三王的说法，认为五帝、三王是圣人，汉朝诸帝同样是圣人，其圣德不因时代不同而有差别，治理社会也没有什么不同。汉朝百姓与上古百姓都是禀天之元气，其本性、体质也不会有差别，"人生长六七尺，大三四围，面有五色，寿至于百，万世不异"_{《论衡·齐世篇》}。而那种上世之民质朴今世之民浮华的说法，是来源于生产发展水平不同从而导致生活方式不同产生的错觉。人们见典籍记载伏羲时代的人茹毛饮血、岩居穴处，既无五谷可食，又无布帛可衣，而汉世既发展了农业，又学会了掘井和建造房屋，过上了文明安定的生活，遂以为上世之民质朴今世之民浮华。但实际上"俱怀五常之道，共禀一气而生"_{《论衡·齐世篇》}，上世和今世之民的德行没有什么差别。同样，王充还指出，"夫上世之士、今世之士也，俱含仁义之性，则其遭事并有奋身之节"，"古有无义之人，今有建节之士"_{《论衡·齐世篇》}，并列举许君叔在不能两全的情况下养兄孤子饿其亲子，以及孟英孟章父子代长官死的例子来说明汉世并不乏取义成仁之士。

对于上古帝王德优治奇、汉代君主不及上古帝王的说法，王充也予以回击，指出这种错误的认识基于两大原因，一是"世俗之性，好褒古而毁今"的认识偏见，二是儒家经传对上古帝王德行功绩的增饰夸大。他举例说，孔子曾经说过："纣之不善，不若是之甚也。是以君子恶居下流，天下之恶皆归焉。"既然作为反面典型的纣之罪恶被夸大了，那作为正面典型的尧舜的懿德善行同样存在夸大的可能。王充明确反对尧舜禅让优于汤武征伐，他指出采取禅让还是征伐的形式与个人德能无关，而是由所处的时代决定。易代而处，则汤武禅让，尧舜征伐。所谓尧舜时期"协和万国""凤凰来仪"都是儒者增饰之词，尧伐有扈，战于丹水，显然"协和万国"为虚；舜伐有苗，并非太平之世，所谓"凤凰来仪"也不应出现。王充又举汉宣帝时期曾有五次凤凰来仪的祥瑞，汉明帝时期更是符瑞并至，说明汉宣帝、汉明帝德业不逊尧舜。汉光武帝"龙兴凤举，取天下若拾遗"_{《论衡·齐世篇》}，比肩汤武，汉章帝继承光武帝、汉明帝基业，媲美周之成康之世。

对于儒者"五帝、三王致天下太平，汉兴已来，未有太平"_{《论衡·宣汉篇》}的说法，王充也依据事实予以驳斥。王充首先提出，

"太平以治定为效，百姓以安乐为符"，判断一个时代是否是太平盛世应当以实际效果为标准，核心在于百姓安居乐业，而不是什么符瑞。"是故王道立事以实，不必具验。圣主治世，期于平安，不须符瑞。"（《论衡·宣汉篇》）只要天下太平、百姓安乐，没有符瑞同样是太平盛世。从实际治绩考察，王充将周和汉做了对比，"周家越常献白雉，方今匈奴、鄯善、哀牢贡献牛马。周时仅治五千里内，汉氏廓土收荒服之外。牛马珍于白雉，近属不若远物。古之戎狄，今为中国；古之裸人，今被朝服；古之露首，今冠章甫；古之跣跗，今履高舄。以盘石为沃田，以桀暴为良民，夷坎坷为平均，化不宾为齐民"（《论衡·宣汉篇》）。汉王朝不仅对周边少数民族的影响力远大于周，其国土面积更是不可同日而语，如周代夷狄融入华夏，许多没有穿衣、戴冠、穿鞋习惯的民族，在汉的教化下有了礼仪的观念等。因而从实际治绩看，汉超过周甚远。王充又以光武帝封禅泰山时"天晏然无云"及宣帝、明帝时的种种祥瑞为证，力证汉王朝已是太平盛世，最后得出结论，"实德化则周不能过汉，论符瑞则汉盛于周，度土境则周狭于汉"（《论衡·宣汉篇》）。王充从文化影响力、符瑞之多和国土广袤三方面论证，得出汉全面超过周的结论。

总之，王充列举大量的事例，并大胆运用推理论证，指出世俗之人和儒者对五帝、三王时代所做的理想化记载乃是增饰夸大之词，不可尽信。他认为，汉世不如五帝、三王之世是建立在世人厚古薄今的偏见和对五帝、三王时代美化的基础之上的，如果仔细考察实情，就会发现汉世与儒者所谓的上古治世无异，汉代的君主也可以比肩尧舜、媲美成康，且汉朝是超过周朝甚远的太平盛世。

第二，不遗余力地颂扬汉王朝。王充认为，颂扬汉王朝的工作十分必要，"古之帝王建鸿德者，须鸿笔之臣褒颂纪载，鸿德乃彰，万世乃闻"（《论衡·须颂篇》）。他指出，颂扬帝王明德是臣子天然的职责，并列举古往今来臣子颂扬帝王明德的例子，来说明臣子颂扬帝王明德的正当性和必要性："虞氏天下太平，夔歌舜德；宣王惠周，《诗》颂其行；召伯述职，周歌棠树。是故《周颂》三十一，《殷颂》五，《鲁颂》四，凡《颂》四十篇，诗人所以嘉上也。由此言之，臣子当颂，明矣。"（《论衡·须颂篇》）王充认为夔歌颂舜帝之明德，《诗经》之《六月》《采芑》《车攻》《鸿雁》《斯干》等篇颂扬宣王功绩，《甘棠》之诗颂扬召公遗爱，这些都是臣子歌颂君主的典型。《诗经》中所保留的《周颂》《殷颂》《鲁颂》证明了臣子颂扬君主的正当性。因此，王充对汉王朝的颂扬也不遗余力。

他明确提出"汉国在百代之上"的观点，认为汉王朝不仅超越周王朝，更全面超越黄帝、尧、舜和夏、商、周。具体体现在以下几个方面：

一是汉之威盛，远逾百代。在王充看来，黄帝、尧、舜和夏、商、周之威力，都不能和汉相比，这些时代都遭遇了战乱，"黄帝有涿鹿之战；尧有丹水之师；舜时有苗不服；夏启有扈叛逆；高宗伐鬼方三年克之。周成王管、蔡悖乱，周公东征"（《论衡·恢国篇》）。之所以如此，在于这些朝代国力不够强盛，威慑力不足。汉王朝则没有这些祸乱，虽然高祖时有陈豨、彭越的反叛，但那是因为统治刚刚确立，还没有稳定下来。至于景帝时吴楚七国之乱，原因在于诸侯王怨恨晁错，和国家没有关系。过去匈奴长期侵扰汉朝，如今已臣服于汉朝，向汉朝贡献牛马。这都是因为汉朝的威力盛大，度越百代。

二是汉王朝的创业比前代帝王都要艰难，说明汉高祖和光武帝的能力远超前代帝王。王充指出，帝王创业"起于微贱，无所因阶者难；袭爵乘位，尊祖统业者易"（《论衡·恢国篇》）。尧在为天子之前是诸侯，舜为尧之司徒，禹为舜之司空，汤和周文王均是诸侯，武王继承文王之位，他们创业就好比"丘山易以起高，渊洿易以为深"。而汉高祖和光武帝均起于微贱，白手起家，一个是秦朝基层小吏亭长，一个出身相对低微，他们开创王业相当于"起高于渊洿，为深于丘山"（《论衡·恢国篇》），更加难能可贵。

三是从道义上来讲，相较于前代，汉王朝开创王业于义为顺，胸怀也更为博大。武王伐纣，是臣伐其君，于义不顺，所以伯夷叔齐这等仁人义士深不以为然，扣马而谏。但高祖和光武帝则不存在类似道义上的亏欠，高祖非秦之臣子，光武帝也未出仕王莽，同为伐无道，高祖和光武帝于义为顺。武王伐纣，纣自杀后武王还用钺将其斩首，又把纣王的头悬挂在大白旗的杆上以示众，违背"君子恶恶，不恶其身"（《论衡·恢国篇》）的道义精神。高祖和光武帝没有对秦二世胡亥、降王子婴和王莽做类似的事情，足以显示汉王朝胸怀博大。汉室对于犯有重罪的宗室和诸侯均能宽大处理，广陵王刘荆、楚王刘英均犯有重罪，畏罪自杀后，汉室又立其子而不除其国；隐强侯阴博因罪被废后又立其弟。尧舜流放欢兜、共工死于不毛之地，又诛杀鲧，周室诛管蔡不立其后，仅在诛武庚后立微子于宋，相比之下，汉室"雨露之施，内则注于骨肉，外则布于他施"（《论衡·恢国篇》），更加值得称道。

当然，在王充看来，汉王朝最值得骄傲的，是国土的广袤和对周边少数民族的影响力远超五帝、三王时代。周室最值得称道的化被夷狄的成绩，不过是西部的庸、蜀之夷助战武王和"越常献雉，倭人贡畅"，但幽、厉之后，周室衰微，戎狄侵扰周室已成常态，平王不得已迁都洛邑。这些与汉王朝四夷朝贡，越常辗转翻译，献白雉黑雉相比不值一提。更重要的是，当年侵扰周室的戎狄之地，至汉已划入版图，哀牢、鄯善、婼羌都已归顺汉朝，吴越和巴、蜀、越隽、郁林、日南、辽东、乐浪都已被汉文化同化。所以无论从国土面积还是从对周边少数民族的影响力来说，五帝、三王时代与汉王朝不可同日而语。

为了颂扬汉朝，王充还把祥瑞作为汉朝皇帝圣明、超越百代的证据，这也体现了他个人的局限性。他不仅罗列了从高祖、文帝、宣帝到明帝以至章帝时史书所记载的种种荒诞不经的祥瑞，还详细记载了永平十一年（68）庐江湖内出金，建初三年（78）和五年，零陵泉陵女子傅宁宅和男子周服宅生芝草，以及湘水边侠山之下岩淦现黄龙之事，认为这是汉王朝"君明臣良，庶事以康"的佐证。他认为这些荒诞的符瑞都是"为圣王瑞，金玉之世，故有金玉之应"_{《论衡·符验篇》}，并热情赞美汉王朝"四海混一，天下定宁，物瑞已极，人应斯隆"_{《论衡·宣汉篇》}。

王充不遗余力地颂扬汉王朝的盛德伟业和强大国力，字里行间流露出深深的自豪感。他曾在《须颂篇》中说："汉，今天下之家也；先帝、今上，民臣之翁也。夫晓主德而颂其美，识国奇而恢其功，孰与疑暗不能也？"他把汉王朝比作臣民的大家庭，把汉历代君主比作臣民的父亲，批评儒者褒美前代是"舍其家而观他人之室，忽其父而称异人之翁"，抛弃自家去赞赏别人家，忽略自己父亲而颂扬别人父亲的不道德行为。这些都足以体现他深沉的爱国热忱。

但是，他为了颂扬汉王朝不顾事实的做法也深为学术界所诟病，尽管他声称自己"非以身生汉世，可褒增颂叹，以求媚称也"_{《论衡·宣汉篇》}，却不无此地无银之嫌。他不仅刻意无视汉王朝种种劣迹，也漠视西汉末年"民有七亡而无一得，欲望国安，诚难；民有七死而无一生，欲望刑措，诚难"[1]的社会现实，吹捧汉王朝种种符瑞，违背自己实事疾妄的初心。甚至面对建初元年（76）久旱不雨造成的"牛死民流，可谓剧矣"的社会危机，王充也是一味唱赞歌，"皇帝敦德……天下慕德，虽危不乱，民饥于谷，饱于道德，身流在道，心回乡内，以故道路无盗贼之迹，深幽迥绝无劫夺之奸。以危为宁，以困为通，五帝三王，孰能堪斯哉"_{《论衡·恢国篇》}，提出"民饥于谷，饱于道德"

---

[1] 班固著、颜师古注：《汉书·鲍宣传》，中华书局1965年版，第3088页。

"以危为宁，以困为通"的谬论。

同时，王充对汉高祖兔死狗烹、诛戮功臣的残暴，乃至把彭越剁成肉酱，专门派人送给英布，以刺激他造反好灭尽异姓王的险恶用心视而不见，又无视吕后残害戚夫人的人彘惨案和屠戮高祖诸子的悲剧，对周室诛管蔡吹毛求疵，颂扬汉室宽仁。就以对周边少数民族的征服和影响而论，汉王朝的确取得了一些前代做不到的功绩，王充上面列举的事例也基本属实。但这仅仅是光辉的一面，汉王朝不那么光彩的一面也不少，高祖有白登之围，吕后更是遭到匈奴冒顿单于"愿以所有，易其所无"的戏侮，甚至不乏汉朝嫁过去的公主被当着使者面杀掉的奇耻大辱，这些王充都视而不见。

说到底，王充颂扬汉王朝，固然有浓郁的爱国情怀在里面，也有不能正确认识批评的原因。在王充的潜意识里，批评就是抹黑伤害，只有歌颂赞美才是臣子的本分，"臣子当褒君父，于义较矣"（《论衡·须颂篇》）。毫无疑问，和早他五百年的晏子相比，王充这种对待批评的思想较为落后，晏子指出，"君所谓可而有否焉，臣献其否以成其可。君所谓否而有可焉，臣献其可以去其否。是以政平而不干，民无争心"①。晏子认为，君主所肯定的不一定都对，君主所否定的不一定都错，臣子要能指出其中的不合理成分和合理成分，才能政通人和、国泰民安。

当然，王充这么做更有不敢直面汉帝国黑暗面、全身避祸

---

① 洪亮吉撰：《春秋左传诂·昭公二十年》，中华书局1987年版，第745页。

的思想作祟，这点他在《对作篇》中隐隐透漏了一点："且凡造作之过，意其言妄而谤诽也。《论衡》实事疾妄，《齐世》《宣汉》《恢国》《验符》《盛褒》《须颂》之言，无诽谤之辞。造作如此，可以免于罪矣。"

第三章　王充的学术体系

王充的《论衡》，虽然以实事疾妄为学术宗旨，立足于批判揭破虚假之事和不实之论以证定事实，但破中有立，其中也建立起了自己的学术体系，包括他的天道观、性命观、人才观、纠错体系和政治思想。

　　王充推崇道家的"天道自然"说，他在《论衡·谴告篇》中说："夫天道，自然也，无为。如谴告人，是有为，非自然也。黄、老之家，论说天道，得其实矣。""天道自然"既是王充批判汉代流行的天人相与之际说的理论基础，也是王充无为而治政治学说的理论基础。但同时，他也指出道家"天道自然"说的缺陷："道家论自然，不知引物事以验其言行，故自然之说未见信也。"（《论衡·自然篇》）道家虽然提出了"天道自然"说，但是不知道引用具体的事物来证明自己的观点，所以导致大家对"天道自然"说并不相信。为了使这一理论基础更加扎实，让更多的人相信它，王充要做的就是补充道家缺失的工作，完成对"天道自然"的验证。

一、对"天道自然"的论证

　　为了论证"天道自然"，王充先从天的形体入手："如实论之，天，体，非气也。"（《论衡·自然篇》）他指出，如果从实际出发，就应该承认天是自然实体，而不是气。他引当时观测天象所积累的科学成就说："《秘传》或言：天之离天下，六万余里。数家计之，三百六十五度一周天。"（《论衡·自然篇》）既然能以里数计算距离、以度数测算转动角度，那么天显然是实体，而不是气。如果是气的话，距离和转动度数就无从说起，以此肯定了天的实体性。但是王充又指出，天虽然是自然实体，但它含有气、能施发气，"天地，含气之自然也"（《论衡·谈天篇》），"天者，普施气万物之中"（《论衡·自然篇》）。通过考察，王充认为天施气的方式是动，"天之动行也，施气也，体动气乃出，物乃生矣"（《论衡·自然篇》）。最后他得出结论，天在运行的过程中施气，万物皆受天所施之气而生。

王充指出，天地就如同夫妇那样，而天作为实体，应该与地一样。从对地的考察来看，地是以土为本体的，没有所谓的口目，由此可以推知，天亦无口目。退一步来说，假使天是气，那么天当缥缈如云烟，而云烟之类的东西也是没有口目的。口目是有为的基础，"案有为者，口目之类也"（《论衡·自然篇》），口产生吃美食的欲望，目产生看美色的欲望，这些内在的欲望是有为的动因，在欲望的驱动下，才会追求满足口目之欲而有所作为。天既然无口目，也就没有口目之欲，更没有有为的内在驱动力。

天虽然施气，但是气是恬淡无欲的，自然也就无为无事。天施气物就会生出，但是这并非天想让物生出的，"天动不欲以生物，而物自生，此则自然也。施气不欲为物，而物自为，此则无为也"（《论衡·自然篇》）。虽然万物之生成客观上是因为天动而施气，但是这都不是天有意识的行为，因为天和气本身就没有意识。天地合气而万物自生，这是一个自然过程，并不受意志主导。所以万物之生不是出于天意，也不是天有为的结果，相反，天在万物生成的过程中是自然无为的。

基于此，王充大力批判"天生五谷以食人，生丝麻以衣人"（《论衡·自然篇》）的观点。他认为虽然五谷丝麻也是天普遍施气万物之中的产物，但是天"不故生五谷丝麻以衣食人"，就是说五谷丝麻这些人们资以生活的必需品，虽然由天施气生成，但天并非有意生出五谷丝麻来供人衣食，只是五谷可以作为食物来充饥、丝麻可以制作成衣服来御寒而已。人作为动物的一种，只不过是知道五谷可食用就把它们当作食物，知道丝麻可制衣就制成衣服来穿而已，与天不相干。王充还打了个比方，说那种认为"天生五谷以食人，生丝麻以衣人"的观点，岂不是把高高在上的天看作为人类耕种的农夫和采桑养蚕的桑女了吗？宣扬天生五谷丝麻以衣食人，本意是强调天至高无上的地位，是万能的主宰，结果背道而驰，所以从逻辑上来讲，二者是矛盾的。

王充对天为"含气之自然"的实体、天道自然无为的论证，目的是从根本上瓦解儒家的天人相与之际说。在儒家的理论体系中，天是至高无上的主宰。《尚书·泰誓上》曰："天佑下民，作之君，作之师，惟其克相上帝，宠绥四方。"①正义云："言'天佑助下民，为立君'也。治民之谓'君'，教民之谓'师'。君既治之，师又教之，故言'作之君，作之师'。""天爱下民，为立君立师者，当能佑助天意，'宠安天下'。不夺民之财力，不妄非理刑杀，是助天宠爱民也。"在这里，天就是最高的主宰者，天为了安顿世上的百姓，为百姓立君主，让他统率和教化百姓。君主应该秉承天意宠爱百姓、安定天下，不能任意夺民之财、更不能诛杀百姓。在《尚书》的话语体系中，夏、商亡国均是不能秉承天意治理国家所导致的天罚。"古有夏先后，方懋厥德，罔有天灾。山川鬼神，亦莫不宁，暨鸟兽鱼鳖咸若。于其子孙弗率，皇天降灾，假手于我有命，造攻自鸣条，朕哉自亳。"②"夏王弗克庸德，慢神虐民，皇天弗保。监于万方，启迪有命，眷求一德，俾作神主。"③夏代的先君先王能够为政以德，上天就不降灾殃，山川鬼神、鸟兽鱼鳖在他们的治理之下无不各得其所、各安其生。到其末代，君主则抛弃了夏之先王为政以德的优良传统，怠慢神灵，暴虐百姓，所以上天就降灾于夏，选择有德的汤来取代夏，并借助汤来覆灭夏王朝。商代传至纣，同样由于纣的荒淫暴虐而导致上天震怒，便以周来取代商："今商王受，弗敬上天，降灾下民。沉湎冒色，敢行暴虐，罪人以族，官人以世。惟宫室、台榭、陂池、

---

① 王世舜、王翠叶译注：《尚书·泰誓上》，中华书局2018年版，第431页。

② 王世舜、王翠叶译注：《尚书·伊训》，中华书局2018年版，第391页。

③ 王世舜、王翠叶译注：《尚书·咸有一德》，中华书局2018年版，第409页。

侈服，以残害于尔万姓。焚炙忠良，刳剔孕妇。皇天震怒，命我文考，肃将天威，大勋未集。"①纣无德之罪恶包括不敬上天、祸害黎民，沉湎酒色、残暴奢侈，一人犯罪株连其家族，官员任命不以贤才只看出身，大兴土木，建造亭台轩榭、宫室楼阁，加重了百姓的负担。此外，他以炮烙之刑残害忠良，剖开孕妇肚子看婴儿性别等。这是帝王因失德而导致丧失天命以亡国的典型例子。《尚书·高宗肜日》曰："惟天监下民，典厥义。"②天作为万能的主宰，时刻监视帝王，观察他们的行事是否合乎道义。《尚书·伊训》云："惟上帝不常，作善降之百祥，作不善降之百殃。"③天不仅监视帝王，还根据其行事予以奖惩，行事符合道义就会获天佑助，降之福祥；行事不合道义，就会降之灾殃。类似的理论还见于《诗经》："天监在下，有命既集。""皇矣上帝，临下有赫。监观四方，求民之莫。""求民之莫"即关心民间疾苦，如果统治者给老百姓带来灾难，加重民间疾苦，天就会予以惩罚。

总之，在今文经学主导的儒家经典话语体系中，天是有意志的万能主宰，它时刻监视统治者，关心民间疾苦，若君主不能为政以德而暴虐人民，天就会降灾祸予以惩罚，严重时即假手他人覆灭其政权并取代之，夏、商的灭亡就属于这种情况。天人相与之际说正是建立在这套理论之上，只是把天降灾祸惩

---

① 王世舜、王翠叶译注：《尚书·泰誓上》，中华书局2018年版，第429页。

② 王世舜、王翠叶译注：《尚书·高宗肜日》，中华书局2018年版，第125页。

③ 王世舜、王翠叶译注：《尚书·伊训》，中华书局2018年版，第394页。

罚祸国殃民的暴君的过程推演得更细致，增加了警示环节，并建立起庞大复杂的理论体系，董仲舒将其概括为："国家将有失道之败，而天乃先出灾害以谴告之，不知自省，又出怪异以警惧之，尚不知变，而伤败乃至。"①这一切都建立在天有意志并且爱百姓、能惩恶扬善的基础之上。因此，王充引道家"天道自然"论，论证天为无意志的实体，不能有为，于天人相与之际说而言不啻釜底抽薪，推翻了其立论的前提。

王充欲论证"天道自然"，还必须对"河出图，洛出书"之说去魅。关于河图洛书的传说，在儒家学说中源远流长，《尚书》《周易》《论语》中均有关于河图洛书的记载，通常解释为伏羲氏、大禹圣德感天，遂获天之佑助。其中天人相与之际说最重要的理论——《尚书·洪范》的"五行说"，据儒家的解释，即源于洛书。历代正史之《天文志》或《五行志》，均以《尚书·洪范》"五行说"作为基本理论来构建天人相与之际说的体系。"河出图，洛出书"一直被儒家视为天人感应的经典案例，董仲舒在回答汉武帝"三代受命，其符安在？灾异之变，何缘而起"②的策问时，就引孔子"凤鸟不至，河不出图，吾已矣夫"之叹，并解释说，孔子自知有德能感应上天，招致凤鸟河图，可惜不得其位而无法实现，以此论证天人相与之际说的真实性。

---

① 班固著、颜师古注：《汉书·董仲舒传》，中华书局1965年版，第2498页。
② 班固著、颜师古注：《汉书·董仲舒传》，中华书局1965年版，第2496页。

"河图"最早见于《尚书·顾命》："大玉、夷玉、天球、河图在东序。"①可见在儒家的经典中，"河出图"的说法源远流长，且与伏羲氏画八卦相联系，见于《周易》：

> 是故天生神物，圣人则之；天地变化，圣人效之；天垂象，见吉凶，圣人象之；河出图，洛出书，圣人则之。②

关于《洛书》，《汉书·五行志》云："刘歆以为……禹治洪水，赐《洛书》，法而陈之，《洪范》是也。"③《洪范》中的五行为金木水火土，五事为貌言视听思，庶征为雨旸燠寒风。五行的属性是"水曰润下，火曰炎上，木曰曲直，金曰从革，土爰稼穑。润下作咸，炎上作苦，曲直作酸，从革作辛，稼穑作甘"，五事的要求是"貌曰恭，言曰从，视曰明，听曰聪，思曰睿。恭作肃，从作乂，明作哲，聪作谋，睿作圣"。庶征即征验的意思，分为好的征验和不好的征验，即休征和咎征。休征为"曰肃，时雨若；曰乂，时旸若；曰哲，时燠若；曰谋，时寒若；曰圣，时风若"，咎征为"曰狂，恒雨若；曰僭，恒旸若；曰豫，恒燠若；曰急，恒寒若；曰蒙，恒风若"。按照伏生所传《五行传》的理论，"貌属木，言属金，视属火，听属水，思属土"，君主之五事即与五行对应，并出现相应的庶征，"貌之不

---

① 王世舜、王翠叶译注：《尚书·顾命》，中华书局2018年版，第308页。

② 朱熹撰：《周易本义·系辞》，中华书局2009年版，第241页。

③ 班固著、颜师古注：《汉书·五行志》，中华书局1965年版，第1315页。

恭，是谓不肃，厥罚恒雨，惟金沴木。言之不从，是谓不乂，厥罚恒旸，惟木沴金。视之不明，是谓不哲，厥罚恒燠，惟水沴火。听之不聪，是谓不谋，厥罚恒寒，惟火沴水。思之不睿，是谓不圣，厥罚恒风，惟木、金、水、火沴土"。天人相与之际说有两个最基本的解释理论，一个是董仲舒以《公羊传》为基础所构建的，一个是刘向以传自伏生的《五行传》为基础构建的。《汉书·五行志》云，"汉兴，承秦灭学之后，景、武之世，董仲舒治《公羊春秋》，始推阴阳，为儒者宗。宣、元之后，刘向治《穀梁春秋》，数其祸福，传以《洪范》，与仲舒错"①，对这两个基本理论进行了记述。又云："河图、洛书相为经纬，八卦、九章相为表里。昔殷道弛，文王演《周易》；周道敝，孔子述《春秋》。则《乾》《坤》之阴阳，效《洪范》之咎征，天人之道粲然著矣。"②天人之道就是天人相与之际说，在儒家的天人相与之际说中，河图洛书就是理论的源头。

因此，一旦认可儒家关于"河出图，洛出书"的解释，就等于承认天人相与之际说。如何对"河出图，洛出书"做出合理解释，是王充建构"天道自然"理论和打破天人相与之际说无法避开的话题。针对有人提出"太平之应，河出图，洛出书。不画不就，不为不成。天地出之，有为之验也"（《论衡·自然篇》）的说法，并以张良圯桥遇黄石公授书一事作为天道有为的佐证，王

---

① 班固著、颜师古注：《汉书·五行志》，中华书局1965年版，第1317页。

② 班固著、颜师古注：《汉书·五行志》，中华书局1965年版，第1316页。

充并没有否认河图洛书与圯桥授书一事的存在，而是指出河图洛书本是自然形成的，包括黄石公授书一事，都是自然之道，并非天有意为之，"天道自然，故图书自成"（《论衡·自然篇》）。王充举例说，晋的始祖唐叔虞和春秋时鲁国成季友出生的时候，手上都有纹理呈文字状，唐叔虞手上的文字是虞，所以就以"虞"为名；成季友手上的文字为友，所以就以"友"为名。类似的还有宋仲子，出生时其手上有"为鲁夫人"四个字，后来就嫁给了鲁惠公。这三人在母亲怀胎之时，手上的文字就长成了。如果说他们手上的文字是上天所为，那难道是上天派神使拿着锥子和笔墨在他们母亲怀胎之时钻进腹中在他们手上刻画的吗？显然不是，这些文字都是自然形成的。这些自然变化，人们很难弄明白为何会这样，表面看起来就像鬼使神差一样，考其内因，其实就是自然而然。所以，司马迁在记载黄石公这件事时，也感到疑惑而不能证实。

王充还以草木上生的花纹为例，解释河图洛书乃是自然生成的。他举例说，有些草木的花叶上也有曲折的纹脉，就像文字图案一样，要说河图洛书及那三人手上的文字是上天写成的，那花叶上的类似文字也都是上天创造的吗？如果自然界中的叶子皆为天造，那宋国有人花了三年时间才用木头刻成一片楮树叶，如此一来，叶子的生长岂不是要像宋人刻楮叶那样缓慢？实际上，自然界中草木的叶子正是自然而然生长出来的，所以才能同时长出许多叶子。同理，鸟兽毛羽上丰富多彩的颜色，难道都是上天有意识地创造出来的？再看万物春生秋熟，如果也是天做的，天哪来千千万万只手来操持这些事情呢？所以王充认为，万物生在天地间，就像母亲生孩子一样，是个自然而然的过程。孩子身体的各个器官肢体，并不是母亲刻意塑造而成的。

应该说，王充给出的解释，在当时来说已经是最符合科学精神的答案了。这其实代表了王充对待自然界的一种态度，即一些看起来不可思议、神奇异常的现象，其实只是自然界的一种正常变化而已。

为进一步说明天是无知无欲的实体，王充还对涉及天的一些传说做了正谬的工作。比如儒家典籍所载的女娲补天的传说，虽然很多文人雅士并不以为然，出于无法确证其非，又怕真有此事，就避而不谈，但王充就认为是"虚言"。他从日常经验出发论述，指出万人推一小山尚且推不动，而共工撞折作为天柱的不周山就更难了。如果此事为真，共工有撞折不周山的神力，那么他应当无敌于天下，哪怕颛顼"举天下之兵，悉海内之众"也不能战胜他。因此，共工撞折不周山之说存在逻辑上的矛盾，并不可信。他又对女娲补天提出质疑，女娲炼石补天，古今之天离地距离当是一致，女娲作为人，虽然是圣人之一，也无法够得着天。同时，女娲斩鳌足立四极的说法同样不可信。一是鳌为巨兽，其足为骨，时间一长就会腐朽，无法支撑天；二是鳌足既然能支撑天，那么该兽之大，天地之间都容不下，女娲更无力杀之。由此可见，女娲补天之说并不可信。

王充从"天道自然"、天为实体出发，颠覆了天人相与之际说的理论基础，并批驳了"河出图，洛出书"为天的意志之说，又指出女娲炼石补天之说虽出自儒家经典，但并不可信。其目的就在于说明儒者的天道观不足为信，天人相与之际说中"谓灾异为谴告"的理论是谬误，而被视为灾异的各种气变，"殆自然也"。

二、对日月和雨的考察

王充不仅考察了天的构成及"天道自然"，还对日月的运行规律及雨的形成做了考察，批驳了儒者关于日月和雨的错误言论。

王充从日月的运行、日食月食、日的构成及形状等多个维度对日月做了考察，并对儒者的错误认识做了纠正。

王充经过观察，提出"日者，火之精也；月者，水之精也"（《论衡·说日篇》）的观点，认为日月和五星、列星无异，对儒者"日月之体皆至圆"的观点进行了反驳。他认为，既然日月、五星、列星不异，同理，列星不圆，所以日月、五星也不一定是圆的。王充以《春秋》记载的"星霣①宋都"，以此来证明列星不圆，只是因为其有光耀，离人又远，才会看起来像圆形。同样，儒者以为日月是圆的，乃是他们从下面仰望的结果。王充所提出的日月、五星、列星非圆形的观点，今天看来，似乎离科学事实更远，但王充不迷信前人成说，坚持以自己考察、推理来认

---

① 通"陨"。坠落。

识日月星辰的方法值得肯定，也正是他实事疾妄精神的体现。尽管他受制于当时的认知水平和观察手段，未能得出科学的结论。

王充从日月运行的角度解释了冬日短夏日长和天地合、天运行于地中等似是而非的问题。在儒家关于日的学说中，认为日朝出暮入、冬日短夏日长等现象，均和阴阳有关。人们看得见日出是因为其出于阴中；人们看不见日入是因为其入于阴中，阴气晦冥。王充指出，这种说法经不起实际考察。按照阴阳理论，夜和北方都属于阴，夜里点火能看得见，星星也看得见，由此可知日入不见与阴气无关。儒者认为，冬日短是因为"冬阴气晦冥，掩日之光"（《论衡·说日篇》）。王充从日的运行规律出发，证实这种说法纯属无稽之谈。真实的情况是夏时日在东井，冬时日在牵牛，牵牛离极远，故日道短；东井近极，故日道长。夏时日北至东井就是夏至，冬时日南至牵牛就是冬至。所谓"至"，就是说到了最南端或最北端的极限。也有人认为，日冬短夏长缘于"夏时阳气盛，阳气在南方，故天举而高；冬时阳气衰，天抑而下"（《论衡·说日篇》），天高时日道多，故日长；天低时则日道少，故日短。王充对这种观点也予以批驳，他指出，按照这一观点来推理，那么夏天不仅日道长，月道也应该长，所以"夏时天举南方，日月当俱出东北，冬时天复下，日月亦当俱出东南"（《论衡·说日篇》），而实际情况则是"夏日长之时，日出东北，而月出东南；冬日短之时，日出东南，月出东北"（《论衡·说日篇》），与事实不合，显然这种理论也不成立。

王充还对日随天隐，在北方天与地合体并行地中以生万物的观点予以驳斥。他指出，如果天真的在地中运行，那么凿地一丈，转眼就应该看见水源，如此一来，岂不是意味着天在地中运行、在水中出没吗？但就实际而言，"天不在地中，日亦不随天隐，天平正，与地无异"（《论衡·说日篇》）。王充从远近的角度解释了日出可见、日入不可见的原因，他认为太阳是随天运转的，日出看起来像上升、日入看起来像下落的原因在于天看起来像个倒扣的盆，看得见太阳是因为近，看不见是因为远，并不是日入地中。他从日常经验出发，提出人的视力所见范围不过十里，看远处时天地好像合在一起，其实并不是，这跟日入是一个道理——看起来像进入地中了，其实是因为远而造成的视觉差。难能可贵的是，王充还推断出当我们这里看起来像日入西方时，其实在西方日入之地的人看来正是日中，从那里往东看我们这里，也是天与地仿佛合在一起了。王充这一推断，已经接近事实真相了，尽管他把天地都看作是平的这一点是错误的。

王充还批驳了儒者关于日中有三足乌和月中有兔、蟾蜍的传说。王充指出日既然是天之火，根据日常经验，活着的东西进入火中都会被烧得焦烂而死，因此不可能有三足乌存在于日中。王充从月是天水的角度出发，认为无论是兔还是蟾蜍，在水中时间长了都会死。所谓三足乌、兔、蟾蜍之类，有的话也早该死或腐朽了。因此这些东西，只不过是日月之气而已。王充把传说中的三足乌、兔、蟾蜍解释为日月之气，虽然与事实不合，但比起传说依然有不可抹杀的进步意义。特别是他运用常识对反常识的观点进行驳斥和批判，是一种历史进步。

王充从"天道自然"的角度解释了日食月食的变化，他提出"皆有时，非时为变，及其为变，气自然也"的观点，并总结出日食月食的规律，"大率四十一二月，日一食，百八十日，月一蚀"（《论衡·说日篇》），批驳了儒者关于日食是月侵蚀太阳得到的结果这一说法。当然，王充对日食的认识并不完全正确，当时已有有识之士正确地揭示了日食形成的原因：

> 日食者，月掩之也，日在上，月在下，障于月之形也。日月合相袭，月在上日在下者，不能掩日。日在上，月在日下，障于日，月光掩日光，故谓之食也，障于月也，若阴云蔽日月不见矣。其端合者，相食是也。其合相当如袭璧者，日既是也。（《论衡·说日篇》）

这种说法已意识到日食是太阳被月亮遮挡导致的结果。从地球上来看，"日在上，月在下"即月亮运行到地球和太阳之间，遮住了太阳。如果月亮和太阳、地球完全在一条直线上，即"端合"，就会将太阳完全遮挡住，形成璧一样的日全食。应该说，这种解释与今天我们对日食的认识完全一致，但王充当时不能理解。

不过，王充对雨的形成的看法则比较接近现代科学认识了，他反对"雨从天下"的观点，指出雨实际上来源于地，"月丽于上，山烝于下，气体偶合，自然道也"（《论衡·说日篇》）。他还指出雨实际上是云变化而来的："夫云则雨，雨则云矣，初出为云，云繁为雨。"(《论衡·说日篇》) 水汽从山上蒸发形成云，云聚合就会形成雨。他还指出不仅雨，露、霜、雪的形成也是一样的。

王充对日和雨的考察，在今天看来或许并无过人之处，但在当时来说，则属于远见卓识。特别是日，在天人相与之际说中，被认为是皇帝和国运的象征，日象的变化往往与皇帝本人的吉凶安危和国家的命运安危联系起来，司马迁在《史记·天官书》中对此有明确的记载：

> 两军相当，日晕；晕等，力钧；厚长大，有胜；薄短小，无胜。重抱大破无。抱为和，背不和，为分离相去。直为自立，立侯王；杀将。负且戴，有喜。围在中，中胜；在外，外胜。青外赤中，以和相去；赤外青中，以恶相去。气晕先至而后去，居军胜。先至先去，前利后病；后至后去，前病后利；后至先去，前后皆病，居军不胜。见而去，其发疾，虽胜无功。见半日以上，功大。白虹屈短，上下兑，有者下大流血。日晕制胜，近期三十日，远期六十日。其食，食所不利；复生，生所利；而食益尽，为主位。以其直及日所宿，加以日时，用命其国也……日蚀，为不臧也……日蚀，国君；月蚀，将相当之。[1]

---

① 司马迁撰：《史记·天官书》，中华书局1982年版，第1331页。

根据天人相与之际理论，"日月薄食，晕适背穴，抱珥虹霓，迅雷风祅，怪云变气：此皆阴阳之精，其本在地，而上发于天者也。政失于此，则变见于彼，犹景之象形，乡之应声"①。日象的变化均是由政事之失引起的，是上天针对政事之失对君主做出的警示，如不醒悟，则继之以惩罚。王充对日月运行规律和雨雪霜露的形成所做的实事求是的考察，从本质上来说，依然是为疾"天人相与之际说"之妄而实"天道自然"之事。

三、"天道自然"与"无为而治"

王充论证"天道自然"的另一大目的，在于借此阐释他"无为而治"的政治理念。他采用一问一答的形式对这一理念做了系统的阐释：

> 问曰："人生于天地，天地无为。人禀天性者，亦当无为，而有为，何也？"曰：至德纯渥之人，禀天气多，故能则天，自然无为。禀气薄少，不遵道德，不似天地，故曰不肖。不肖者，不似也。不似天地，不类圣贤，故有为也。天地为炉，造化为工，禀气不一，安能皆贤？（《论衡·自然篇》）

王充虽然肯定天道无为，但是他也认为人生于天地之间，

---

① 班固著、颜师古注：《汉书·天文志》，中华书局1965年版，第1273页。

故禀承天性。既然人禀承天性，就应当像天那样无为，而有的人之所以喜欢有为，就在于禀承天性较少。王充把天地比作大熔炉，把自然造化视为工匠，人则是这个大熔炉的产品。有的人禀承天性多，德行就纯粹淳厚，也就能够效法天道的自然无为，实行无为而治。有的人禀承天性少，堪称天的"不肖"产品，就不能够效法天道，故喜好有为。王充特别推崇道家黄老学派，他认为像黄帝、老子就是德行纯粹淳厚、禀承天性多的圣贤，"身中恬澹，其治无为"，故能"正身共己，而阴阳自和，无心于为而物自化，无意于生而物自成"（《论衡·自然篇》）。

王充还以黄帝、尧、舜为例来说明无为而治是圣贤的共识。他引用《周易·系辞下》"黄帝、尧、舜垂衣裳而天下治"，并解释说"垂衣裳"就是垂拱无为。他又引用孔子称颂尧的话"大哉，尧之为君也！惟天为大，惟尧则之"，来说明尧为君主时能够效法天道自然，无为而治。尧不刻意建功立业，不存心求名邀誉，秉持"我无为而民自化"的理念，所以老百姓也难以确切说出尧的好处，这就是"荡荡乎，民无能名焉"。击壤老人不知尧之功德，就是这个道理。王充还引用孔子称赞舜、禹的话"巍巍乎！舜、禹之有天下也，而不与焉"和周公称赞舜的话"上帝引佚"，说明舜能够继承尧无为而治之道，从而实现天下大治。所谓"不与"，就是无为、不折腾；上帝，就是虞舜；引佚，按俞樾的解释就是收敛，不放纵逸乐。舜承尧之道，任贤使能，自己则无为而治。因此，王充指出，黄帝、尧、舜就是《周易》所谓的"大人与天地合其德"中的大人，他们德行纯粹淳厚，禀承天性多，故能与天地合其德，深知自然无为之道。王充以天道为例来说明自然无为的理念："天道无为，故春不为生，而夏不为长，秋不为成，冬不为藏。阳气自出，物自生长；阴气自起，物自成藏。"（《论衡·自然篇》）春生、夏长、秋收、冬藏都非天所为，阳气出则万物生长，阴气起则万物成熟收获。他举了个非常恰当的例子："汲井决陂，灌溉园田，物亦生长，霈然而雨，物之茎叶根荄，莫不洽濡。程量澍泽，孰与汲井决陂哉！故无为之为大矣。"（《论衡·自然篇》）人之有为，就像从井里打水、池塘引水灌溉一样，虽然也能让田园里的庄稼生长，但天降甘霖则是天道无为，雨水落下，农作物的茎叶根须没有一处不被甘霖湿润，这就是无为之为。因此人之有为与天道无为比起来不值一提，正是因为不追求成功才能功到自然成；正是因为不追求成名才会功成名就。在王充天道自然无为的思想中，天道虽无为，却能成就"阳气自出，物自生长；阴气自起，物自成藏"和"霈然而雨，物之茎叶根荄，莫不洽濡"之为。

当然，王充指出无为而治并不是什么都不做，而是人辅天道："然虽自然，亦须有为辅助。耒耜耕耘，因春播种者，人为之也；及谷入地，日夜长大，人不能为也。"（《论衡·自然篇》）以农作物为例，修整耕耘土地，在春天播种，这是人之有为对天道必不可少的辅助，但也仅限于此。一旦庄稼入地生根发芽，日夜成长，人就不能再乱插手，要尊重天道自然无为之为。否则就像"拔苗助长"的宋国人那样，"或为之者，败之道也"，他的有为对天道无为之为反而造成极大的破坏。那些插手天道自然无为环节的，都属于这类。

很显然，王充无为而治的思想受老子影响至深。《道德经》云："道常无为而无不为，侯王若能守之，万物将自化。"道作为天地万物的本原，在老子的思想体系中，其最根本的属性是"常无为而无不为"。于天地万物而言，道生之、为之、长之，体现了道"无不为"的属性；道生而不有、为而不恃、长而不宰，体现了道"常无为"的属性。"道法自然"即是"常无为"，即"道遵循万物之自然"①，"随万物之发展变化，不加干涉"②。

"独立不改"和"周行而不殆"是老子对道的运行的描述。"独立不改"意谓道之运行不为天地万物所改变，亦即"朴虽小，天下莫能臣"之意。"周行而不殆"即"道冲，而用之或不盈""大道泛兮，其可左右"，言道之运行无穷无尽，周流于万物而又不为任何一物滞留。道"周行而不殆"的运行特性，也是道"无不为"的保证。

道既然是"常无为而无不为"的，其运行又是"独立不改""周行而不殆"的，覆盖了天地万物生成、发育、成长的全过程，且运行规律不为天地万物所改变，其结论必然是人不须为，"侯王若能守之，万物将自化"。道的"无不为"属性决定了道将自然而然地完成包括人类社会在内的天地万物生成、发育、

---

① 王中江：《道与事物的自然：老子"道法自然"实义考论》，载《哲学研究》2010年第8期。

② 刘笑敢：《老子之自然与无为概念新诠》，载《中国社会科学》1996年第6期。

成长全过程所需要的一切，这个过程并不需要其他力量参与。同时，道"周行而不殆"的属性又可确保其无时无刻、无所不至地发挥作用，不需要其他力量参与。而道"独立不改"的属性，决定了任何力量都不可能改变它的运行，即使参与进来也不会对道的运行产生影响。从这个角度而言，道不需要其他力量的参与，且其他力量参与进来也是无谓的。

因此，在老子的思想体系中，作为天地万物本原的道，只是顺万物之自然，对于天地万物来说，它是"常无为"的，却能起到"无不为"的效果。只不过王充把老子的"道无不为"变成了自己的"无为之为"，又补充了人辅天道的内容。

王充认为，天道无为最根本的原则就是顺应万物的本性。天地孕育出万物，在这个过程中万物自然而生，就像夫妻生孩子那样，并不由父母的意志决定。万物生出后，"天道无为，听恣其性"，鱼就放它到水里生活，兽就放它到山上生活，这都是顺应它们的本性，而不要做"驱鱼上陵、逐兽入渊"这类违背万物本性的事情。施之于治国，百姓就像鱼兽，德行纯粹淳厚的圣人治国，就会像天地对待鱼兽那样自然无为，顺应百姓的天性。基于此，王充还提出了政治和谐完美的境界："政之适也，君臣相忘于治，鱼相忘于水，兽相忘于林，人相忘于世。故曰天也。"（《论衡·自然篇》）君臣彼此忘怀于无为之治，鱼类彼此忘怀于水中，兽类彼此忘怀于林中，人类彼此忘怀于世上，这才是天道自然。王充还以商鞅为例来说明有为政治之害，他指出商鞅变法就是刻意追求建立奇功殊勋，欲望越多德行越薄，导致君臣相互憎恨，商鞅最终遭受车裂的酷刑。王充认为，这就是只追求建功立业、不遵循天道无为的结果。

基于顺应万物之性的思想，王充还对儒家的礼治做了批判。他肯定老子所提出的"礼者，忠信之薄，乱之首也"的观点，认为末世衰微之时人们丧失了忠信才会以礼来相互苛责，使礼成为社会共同遵循的规范。为此，王充回顾了中国历史的发展阶段，指出三皇时代百姓德行淳厚，"坐者于于，行者居居，乍自以为马，乍自以为牛"（《论衡·自然篇》），毫无机巧奸诈之心，尚处于无知无欲的状态，也不知道以道德或规范相互约束谴责。五帝时期人与人交往不用诰、誓，三王时代也从不强迫他人或他国签订盟约，五霸时期也没有交换儿子作人质的做法，因为这些时代人性淳朴、德行淳厚，用不着这些东西来相互约束。而后世社会风气不再淳朴，德行凉薄，人们越来越不讲信用，心地阴险而行为不正的人就会不守盟约、违背教令，于是以礼谴告乃至发兵攻打这类的事情就发生了。

天道自然的思想，是王充"归实诚"的理论立足点，正是借助这一思想，他对传统的天人相与之际说做了釜底抽薪式的批判，他指出，"夫天道，自然也，无为。如谴告人，是有为，非自然也"（《论衡·谴告篇》）。既然天道自然，那就应该无为。因此天并不能通过天象变化或者灾异来谴告世人，否则就是有为，也就称不得自然了。为了夯实天道自然的基础，王充又仔细考察了天的实体构成和日月的运行轨迹、雨露霜雪的形成，以证实天乃无知无识的实体，日月运行和日食月食都有其既定规律，并非秉承天意。雨露霜雪的形成源于地的水汽蒸发，更与天无关。这样，就从根本上否定了天人相与之际说的两大理论体系：源自《尚书·洪范》的"五行说"和董仲舒以《公羊传》为基础将春秋二百四十二年间天象人事相联系的理论。同时，王充还驳斥了一些和天有关的无稽之谈如女娲补天之类，并从天道自然的角度解释了河图洛书的传说，进一步澄清了天道自然无为，不能对人世谴告。

王充肯定天道自然无为，又承认天道的无为之为，这一观点深受老子"道常无为而无不为"的影响。基于天道自然无为和"人生于天地""人禀天性"的理论，王充提出人当效法天道无为，实行无为而治的观点，并以禀承天性的多寡以及由此导致的德行淳厚凉薄来解释黄帝、尧、舜无为而治和后世君主自以为是的折腾。作为对天道自然无为思想的补充，王充还提出人辅天道的思想，并区别了"耒耜耕耘，因春播种"的辅天道之有为与"拔苗助长"式的"欲为自然"的行径，可以说是对黄、老无为政治思想的完善。

王充认为，性情是社会治理的出发点："情性者，人治之本，礼乐所由生也。故原情性之极，礼为之防，乐为之节。性有卑谦辞让，故制礼以适其宜；情有好恶喜怒哀乐，故作乐以通其敬。礼所以制，乐所为作者，情与性也。"（《论衡·本性篇》）礼乐政刑是社会治理的四条工具，而礼乐的制定一定要基于人的性情。因此，在王充的社会治理思想中，首先要弄明白人的性情是怎样的，才谈得上设计出与性情相适宜的礼乐制度。同时，王充相信"凡人遇偶及遭累害，皆由命也"（《论衡·命禄篇》），认为一个人一生的富贵穷通，皆由命决定，是个人努力所改变不了的。王充的人性论和命定论在他的学术体系中占有重要的地位，《论衡》的前三卷基本都是谈性命的。总体来看，他主张"命有贵贱，性有善恶"（《论衡·本性篇》）。理解王充的性命观，是了解王充思想的一把钥匙，也是全面了解王充学术体系的基础。

一、善恶有质的人性论

人性论在中国传统哲学中占有十分重要的地位，诸子百家几乎都把人性论作为社会治理的出发点，所谓"缘人情而制礼，依人性而作仪，其所由来尚矣"，孔子、孟子、荀子、韩非子等都对人性论做过专门的探讨。王充对人性论的探讨，正是建立在前人探讨的基础之上，并去伪存真构建起自己的人性论。

王充将前人的人性论分为以下几种观点：一是人性有善有恶论，代表人物世硕、公孙尼子、宓子贱、漆雕开等；二是性善论，代表人物孟子；三是性恶论，代表人物荀子；四是性无善恶论，代表人物告子；五是天赋人性论，代表人物陆贾；六是性情阴阳论，代表人物董仲舒、刘向。总体来看，王充对世硕、公孙尼子这派的人性论给予肯定，"自孟子以下至刘子政，鸿儒博生，闻见多矣。然而论情性竟无定是。唯世硕、公孙尼子之徒，颇得其正"（《论衡·本性篇》），对其他流派的观点则一一辨析，在指出其错误的同时肯定其合理成分。

对于孟子的性善论，王充将其观点概括为"人性皆善，及其不善，物乱之也"（《论衡·本性篇》）。他进一步解释说，孟子以为人由天地所生，都禀受了善之本性，长大以后与外界事物接触，放纵自己，胡作非为，人性恶劣的一面才日渐滋长。针对孟子人性皆善、不善是外界事物影响所致的观点，王充依据儒家经典所载的典型例子予以驳斥。王充指出，按照孟子的观点，人在幼儿之时，未接触外物，应该是善的。但据《尚书·微子》

记载，微子在纣还是幼儿时即看出他生性邪恶，长大后必败坏天下；又据《左传》记载，羊舌食我刚刚出生，叔向之母前往探视，听到他的哭声就断定他狼子野心、不认六亲，长大后必然会给羊舌氏带来灭族之灾。按照古籍所说，这两个亡国灭族的人都是在还没有接触外物的幼儿时即表现出本性的邪恶。由此，王充断定孟子"人性皆善，及其不善，物乱之也"的观点并不符合客观实际。但王充也分析了孟子得出性善论的缘由，即一岁时的婴儿并没有争夺之心，长大后才会有自私自利之心和情欲之心，因此孟子的观点也并非无稽之谈。

类似的还有荀子的性恶论。王充同样不认可荀子"人性恶，其善者伪也"的观点，他指出，按照荀子的观点，人生来本性就是邪恶的，长大后才努力让自己变得善良，那么所有人在幼儿阶段都将是邪恶的。但是后稷和孔子，一个小时候就喜欢种庄稼，一个小时候就热衷于俎豆的游戏，他们从小就表现出异于常人的天资，二人的秉性就是善良的。王充还以兰石为喻，认为人之秉性善，就像石秉性坚、兰秉性香那样，都是天生的。但王充也指出，荀子之所以提出这样的观点，在于观察到"一岁婴儿，无推让之心，见食，号欲食之；睹好，啼欲玩之。长大之后，禁情割欲，勉励为善矣"（《论衡·本性篇》）。一岁的小孩不懂事，见到好吃的、好玩的就哭闹着要，长大后才知道要控制自己的情欲，努力向善，所以荀子的观点也并非毫无根据。

告子是孟子的辩论对手，他提出了"性无善恶之分"的观点。在和孟子辩论人性时，告子以水为喻，指出人性像水一样，水向哪个方向流完全取决于人在哪个方向挖缺口，所以性善性恶取决于后天的培养和塑造。王充指出，"告子之以决水喻者，徒谓中人，不指极善极恶也"（《论衡·本性篇》）。就人性而论，"人善因善，恶亦因恶，初禀天然之姿，受纯壹之质，故生而兆见，善恶可察"（《论衡·本性篇》），即人之善恶来源于人的秉性善恶，而人之秉性是在胎中孕育之时禀受天然之气形成的，或善或恶，质地单一，所以生下来就会有征兆出现，是可以被观察到的，所以不能说无善恶之分。至于中人之性，在王充看来，"无分于善恶，可推移者，谓中人也，不善不恶，须教成者也"（《论衡·本性篇》）。王充引孔子"中人以上，可以语上也；中人以下，不可以语上也"和"性相近，习相远"之语，认为中人之性可以在后天的环境引导下改变，受到好的环境熏陶人性则变善，受到不好的环境浸染人性则变恶。他又引用孔子"唯上智与下愚不移"的话，论证极善极恶之人则不受环境影响，也是圣贤教化所改变不了的。王充在指出告子人性论不符合实际的同时，也看到了告子所揭示的后天环境对中人的决定性影响，肯定其合理因素。

陆贾则提出"天地生人也，以礼义之性。人能察己所以受命则顺，顺之谓道"（《论衡·本性篇》）的人性观，即礼仪之性为天赋人性，人能觉悟到这点，就会遵从礼仪之性，这就是所谓的道。言外之意，那些性情邪恶之徒均是未能觉悟到天赋礼仪之性的人。但王充已经觉察到在人性方面的知行背离现象，即"性善者，不待察而自善；性恶者，虽能察之，犹背礼畔义"（《论衡·本性篇》)。生性善良的人并不一定能觉悟到天赋礼仪之性但依然选择善良，邪恶之徒哪怕明白这个道理照样违背礼义，所以会出现"贪者能言廉，乱者能言治"《（论衡·本性篇》）的现象。因此，王充认为陆贾关于人性的认识也不符合实际。

董仲舒和刘向以阴阳解释性情。董仲舒提出："天之大经，一阴一阳。人之大经，一情一性。性生于阳，情生于阴。阴气鄙，阳气仁。曰性善者，是见其阳也；谓恶者，是见其阴者也。"《（论衡·本性篇》）他将人的性情与天的阴阳相对应，认为性生于阳，阳气仁，所以性是善的；情生于阴，而阴气鄙，所以情是恶的，这就是性善情恶论。王充则指出人之性情同生于阴阳，只是禀天之性有厚有薄，所以才会有善恶，就像石头里面也有杂质不够纯粹一样。刘向则提出性阴情阳说，他以为性是天生的，在于人自身，而不表现出来；情是与外物接触时产生的，所以能表现出来。因此，能够表现出来的为阳，表现不出来的为阴。王充直接否定了刘向以性情能否表现出来定阴阳论，他认为性也与外物相接触，孔子"造次必于是，颠沛必于是"就是性与外物相接触的证明。同时，王充认为刘向的性阴情阳说回避了人性善恶之论。

在讨论了以上诸家的人性论后，王充提出人性之"实"，即"人性有善有恶，犹人才有高有下也"《（论衡·本性篇》），人性善恶来源于人之禀性，这禀性的形成是在胎中孕育之时，也即"初禀天然之姿"《（论衡·本性篇》）。"人禀天地之性，怀五常之气"，造成了人性的不同，就像土地有黑土、黄土、红土，并分上、中、下的差别一样。同时，王充认为人性善者是中人以上，人性恶者属于中人以下，至于中人，则善恶相混，其向善向恶取决于后天环境的熏陶。

为完善性有善恶论，王充还提出三性说作为补充，即正性、随性、遭性。正性即禀五常之性，为人在母胎中禀天性而得；随性是随父母之性；遭性是指在母胎中遭遇恶劣环境影响禀气而致性情变恶。王充举例说，在怀孕时吃兔肉，生子容易得兔唇，就是遭性。因此，王充主张在打雷等恶劣的天气环境里不宜受孕生子，否则生出的孩子身体就会有缺陷，"气遭胎伤，故受性狂悖"（《论衡·命义篇》）。王充很赞赏胎教，指出"故《礼》有胎教之法：子在身时，席不正不坐，割不正不食，非正色目不视，非正声耳不听"（《论衡·命义篇》）。他甚至认为"受气时，母不谨慎，心妄虑邪，则子长大，狂悖不善，形体丑恶"，即男女交合时如果女方心存邪念，就会导致孩子禀性邪恶、容貌丑陋。

王充虽然认为人性有善有恶，也服膺于孔子"下愚不移"的观点，但特别重视后天的熏陶、教育对于人性的培育作用。总体上来看，王充认为人性之恶经过良好的培育和教化，是可以改造的。在《论衡·率性篇》中，王充提出"论人之性，定有善有恶。其善者，固自善矣；其恶者，故可教告率勉，使之为善"的观点，也表达了他积极面对人性之恶的态度。他认为，这种教化改造工作，要从未成年时抓起。作为君父，要仔细观察臣与子的人性善恶偏向：偏向善的就好好教育引导，不让他接近邪恶丑陋的东西，以免受到侵染；偏向恶的，就要对他做严格的辅导和保护措施，营造良好的成长环境，让他接受性善之人的感化，使人性偏恶者慢慢被改造。他举例说，十五岁未成年孩子的人性就像丝染色一样，"其有所渐化为善恶，犹蓝丹之染练丝，使之为青赤也。青赤一成，真色无异"（《论衡·率性篇》），以蓝染之则青，以丹染之则赤，一旦染成青或赤色，就与本色无异，再改变就难了。

此外，王充十分看重统治者对人性转化的重要作用。他以王良、造父为喻，说明英明的统治者应该能化性恶之人为良民的道理。王良、造父之所以被认为善于驾车，就在于他们能将驽马训练培育成良马。同样，"尧、舜之民可比屋而封，桀、纣之民可比屋而诛"，尧、舜做天子，老百姓都德行淳厚，几乎每家都可以封为诸侯；桀、纣做天子，老百姓都性情邪恶，几乎每家都可诛杀。民之良恶，全在君主教化。王充以孔子为例，说明教化的巨大作用。孔子门下七十二贤者，在未入孔门之时，都是平常无奇之士，经孔子教化后，才德都堪任卿相之位，这就是教化的结果。其中子路在投入孔子门下前性情尤其恶劣，头戴鸡冠，臂挂猪尾，凶猛无礼，孔子教育他，逐渐感化之，子路幡然悔悟，改掉粗暴骄横的缺点，最终名列四科，以政事著称。

王充还以土地为喻进行分析。他指出，土地有的肥沃有的贫瘠，这是天然形成的，土质肥沃者耕种庄稼就会长势良好，但是那些贫瘠的土地只要精耕细作、厚施肥粪，再勤加照料，庄稼的长势就会和土质肥沃者差不多。同样，人性虽有善恶，但如果统治者能够酿其教令，性善者将变得更加善良，性恶者也会变得善良。他又以铁石为喻，棠溪、鱼肠、龙泉、太阿这些价值千金的宝剑，都是山中平常的铁石打造出来的。那些价值一金的寻常之剑，只要经良工巧匠重新精心锻造，同样也会和这些名剑一样锋利。因此，"人含五常之性，贤圣未之熟锻炼耳，奚患性之不善哉！"（《论衡·率性篇》）那些所谓性情不够善良的人，都是未经贤人悉心教化的，如果经贤人悉心教化，同样能成为良民。统治者对于性情邪恶者，应该像良医对待病人一样用心对症治疗，而不应坐视不管，只说这人得了恶疾。人性情邪恶属于性命之疾，统治者不用政令加以救治，只指望他们自己变好是不可能的。

王充认为，性恶者经过教化，就像人造珠玉一样，同样光耀莹润。《禹贡》所载之"璆琳琅玕"，这是真珠玉；道人炼五石为玉，随侯在道人指导之下以药作珠，其光耀莹润与真珠玉无异。如果性恶者与性善者是同一质地，那就可以引导勉励他们使之变善；如果是不同质地，即使无法从本质上改变，也可以像道人炼玉、随侯做珠那样，"教导以学，渐渍以德，亦将日有仁义之操"（《论衡·率性篇》），让性恶之人的行为变得符合仁义。哪怕性恶之人心如木石，也能为人所用。改变的途径有二：学校教育与司法惩处，所以"王法不废学校之官，不除狱理之吏，欲令凡众见礼义之教"（《论衡·率性篇》）。只要"学校勉其前，法禁防其后"（《论衡·率性篇》），哪怕像丹朱那样顽劣，也可以教化好。

王充认为，人性的不同在于禀气不同，而禀气有薄厚造成了人性有善恶，"禀气有厚泊，故性有善恶也"_{（《论衡·率性篇》）}。但是"人之善恶，共一元气"_{（《论衡·率性篇》）}，就像酒一样，酒味有的醇厚有的淡薄，是曲蘖多少使之然，但用的都是同一曲蘖。凶残的人承受仁的气少，而容易发怒的人承受勇的气多。仁气少就会凶狠而缺少仁慈，勇气多就会凶暴而不讲情谊，再加上阴阳协调和谐的气不足，就会变得喜怒失常，考虑问题轻率、愚昧。他以西门豹和董安于为例，说明这些缺陷只要经过针对性的教化就可以克服：西门豹性情急躁，就系上熟牛皮带以提醒自己应变和缓些；董安于性情缓慢，就佩带弓弦以提醒自己应变的节奏快些。急躁与缓慢都非中和的节奏，然而通过佩带熟牛皮带与弓弦警示就可以成为性情完美的人。因此，关于人性之善恶，王充得出结论，"由此言之，亦在于教，不独在性也"_{（《论衡·率性篇》）}，强调教化对人性的改造作用。

总的来说，王充认为人性有善有恶，人性之善恶来源于禀性，禀天性多则善，禀天性少则恶。对于占人群大多数的中人之性，王充则认为可善可恶，取决于后天环境的影响。虽然他也认可"下愚不移""中人以下不可语上"的观点，但他更看重统治者的教化对人性的转化作用。他认为，只要对性恶之人进行有针对性的教化，其性恶的一面便可以最大限度地克服，即使不能改变其本质，也可以改变其行为，使其行为符合仁义的要求。

二、命有贵贱的命定论

相对于人性论而言，王充花了更多的篇幅来阐述自己对命的理解。王充关于命的思想的核心是命定论，在他看来，人的一生由命决定，在出生前就已确定了。凡人一生发达落魄、短夭长寿、富贵穷通，都是由命来决定的。同时，王充认为骨相是命的表征，"人命禀于天，则有表候见于体。察表候以知命，犹察斗斛以知容矣。表候者，骨法之谓也"《《论衡·骨相篇》），通过看相即可以推知人之命。

第一，命禀于天。王充认为，命与性一样，同禀于天，人性之善恶和命之贵贱，决定于所禀之天性。他在《初禀篇》中说：

> 命，谓初所禀得而生也。人生受性，则受命矣。性命俱禀，同时并得，非先禀性，后乃受命也。

所谓"初所禀"，即"初禀自然之气"，也即《本性篇》所言"初禀天然之姿"，指人在母胎中即所禀之天性。人在母胎中禀受天性，此所禀之天性既决定人性之善恶，也决定人命之富贵贫贱。在《命义篇》中，王充又指出这种"初禀自然之气""得众星之精"：

> 众星在天，天有其象。得富贵象则富贵，得贫贱象则

贫贱……天有百官，有众星。天施气而众星布精，天所施气，众星之气在其中矣。人禀气而生，含气而长，得贵则贵，得贱则贱；贵或秩有高下，富或资有多少，皆星位尊卑小大之所授也。故天有百官，天有众星，地有万民，五帝、三王之精。

一旦禀此天性，人之性定命亦定。不同的人所得之星精不同，其命便有富贵贫贱之分，且哪怕是富贵之命，也会分出等级，这些都是生而注定的。基于这一观点，王充对王者受命说做了批判。

儒者世代相传文王武王受命之符为赤雀、白鱼。《太平御览》引《尚书中候》曰："周文王为西伯，季秋之月甲子，赤雀衔丹书入丰鄗，止于昌户。乃拜，稽首受取。曰：'姬昌苍帝子；亡殷者纣也。'"[1]文王为西伯时，当年九月甲子日有赤雀衔丹书入丰鄗，停在文王的门上，上有文字"姬昌苍帝子；亡殷者纣也"，这是儒者关于文王受命的传统说法。《尚书大传》卷二云："武王伐纣，观兵于孟津，有火流于王屋，化为赤乌，三足。"[2]《史记·周本纪》曰："武王渡河，中流，白鱼跃入王舟中，武王俯取以祭。既渡，有火自上复于下，至于王屋，流为乌，其色赤，其声魄云。"[3]这是儒者关于武王受命的传统说

---

① 李昉等撰：《太平御览·时序部》，中华书局1960年版，第114页。

② 李昉等撰：《太平御览·居处部》，中华书局1960年版，第881页。

③ 司马迁撰：《史记·周本纪》，中华书局1960年版，第120页。

法。王充认为，"如实论之，非命也"（《论衡·初禀篇》）。文王受命之时即在母胎中禀天然之气时，命由所禀之气决定，"内以为性，外以为体"（《论衡·初禀篇》），在内表现为性之善恶，在外表现为面相，即王充所谓的"面辅骨法"。因此，王充不仅相信命定论，还相信人的命之好坏可以通过"面辅骨法"等体貌特征看出来。"吏秩百石以上，王侯以下，郎将大夫，以至元士，外及刺史太守，居禄秩之吏"（《论衡·初禀篇》），这些人都是"禀富贵之命，生而有表见于面"（《论衡·初禀篇》）。所以许负能够通过面相预言周亚夫可以封侯，并出将入相，乃至最后饿死。王充认为，不仅这些封侯居官之人由命决定，就是那些富翁也是生来就有富贵之命，才能聚集财富成为富翁。"夫王者，天下之翁也，禀命定于身中，犹鸟之别雄雌于卵壳之中也……夫王者，天下之雄也，其命当王。王命定于怀妊，犹富贵骨生，鸟雄卵成也。"（《论衡·初禀篇》）

王充还坚持"上天壹命，王者乃兴，不复更命"（《论衡·初禀篇》）的观点，驳斥儒者王者虽然生禀天命，但在其将要称王之际天命会再次降临的理论。王充认为，所谓王者受命，就是禀气而生，并非天有为有意而授之以命，"自然无为，天之道也"。《尚书·康诰》称"冒闻于上帝，帝休，天乃大命文王"[1]。所谓大命，并不是上天有意授命于文王，而是圣人的一举一动都是天命的内容。因为与天意一致，看上去就像是天指使圣人的一样。《尚书·康诰》以此激励康叔，勉励他治理好国家，才说

---

① 王世舜、王翠叶译注：《尚书·康诰》，中华书局2018年版，第181页。

文王施行道义，上达于天，天就降大命给他。就像《诗经》"乃眷西顾，此惟予宅"所描述的那样，并不是天真的会回头看。为了说明这个问题，王充引用《周易》"夫大人与天地合其德，与日月合其明，与四时合其序，与鬼神合其吉凶，先天而天不违，后天而奉天时"之说为证，指出如果必须受天命才可以行动，就不会有先天后天之说了。所谓先天后天，就是说大人的行动"不待天命，直以心发"，都是在意愿的推动之下进行的。只因为行动合天时，才有"不违""奉天"之说。那种认为"王者生禀天命，及其将王，天复命之"的说法完全是错误的，因此文王将兴起时赤雀飞来，武王伐纣有白鱼、赤乌出现，并非天以此来命文王、武王，不过是"文王当兴，赤雀适来；鱼跃乌飞，武王偶见"（《论衡·初禀篇》），一种偶然的巧合罢了。

第二，命有贵贱穷通。王充以命定论来解释人一生的贵贱穷通，他认为这一切都是由人的命所决定的，并不能靠个人的努力来改变。王充指出，每个人都有自己的命，"自王公逮庶人，圣贤及下愚，凡有首目之类，含血之属，莫不有命"（《论衡·命禄篇》），从王公大臣到普通百姓，从圣贤之士到愚钝之民，凡是长着头脑、眼睛，体内含着血液的，概莫能外。人生遭遇的幸与不幸、长寿与否、富贵贫贱皆由命定，"命当贫贱，虽富贵之，犹涉祸患矣。命当富贵，虽贫贱之，犹逢福善矣。故命贵从贱地自达，命贱从富位自危。故夫富贵若有神助，贫贱若有鬼祸。命贵之人，俱学独达，并仕独迁；命富之人，俱求独得，并为独成。贫贱反此，难达，难迁，难得，难成；获过受罪，疾病亡遗，失其富贵，贫贱矣"（《论衡·命禄篇》）。命生来就应当贫贱的，即使给予他富贵，也会遭遇祸患；命生来就应当富贵的，哪怕让他处于贫贱的境地，也会遇上福善，摆脱贫贱。命中当贵能从贫贱之地青云直上，如有神助；命中当贱所处富贵之位亦危，如有鬼害。命中当贵的人，一起学习只有他能做官，一起做官只有他能得到升迁；命中当富的人，大家一起经营只有他能发财、成功。命贱、命贫的人则完全相反，做官难、升迁难、求财难、经营难，且往往因过受罚或因病破财，导致丢了富贵，也就难免贫贱了。所以有的人才高德厚，却不一定富贵，如果命恶，就会被摒弃不用；有的人智寡德薄，也不一定贫贱，只要命善，就会获得越级晋用。命不可勉强，不能靠努力去改变。王充作了个比喻，就像挖沟和砍柴，只要努力去干，假以时日，沟就会越挖越深，柴也会越积越多。如果命也可以这样改变，天下就无贫贱之人和凶危之事了。但那些命不好的，就像挖沟遇到洪水、砍柴遇到猛虎那样，被这些意外凶险事件中断。命之好坏也与德才无关，王充又以孔子为例来说明这个道理，才智如孔子，也未能在生前建功立业，故王充得出结论："禄命有贫富，知不能丰杀；命有贵贱，才不能进退。"（《论衡·命禄篇》）他还认为，如果命中不当富贵，即使靠努力暂时获取，也终将失去，不能常有，"命贫以力勤致富，富至而死；命贱以才能取贵，贵至而免"（《论衡·命禄篇》）。他解释说之所以会如此，在于依靠才力所获取的富贵，命禄不能够保有，并以容器和重物为喻来解释命禄与富贵的关系。容器就好比命禄，装入的东西就好比富贵，命中能容纳一升，倒入一升就已经满盈；如果继续以才力来获取更多，容器本身就会容纳不下而溢出。同样，命禄如同手力，富贵如同重物，手力能举起三十斤的重物，举到三十斤已经到了上限；如果超过三十斤，就会因撑不住而跌倒。

针对儒者世传的三命说，王充则加以修正，以便符合自己的命定论。儒者的三命说认为"说命有三，一曰正命，二曰随命，三曰遭命"（《论衡·命义篇》）。所谓正命，"谓本禀之自得吉也。性然骨善，故不假操行以求福而吉自至，故曰正命"（《论衡·命义篇》），也就是生来即吉命，骨相就好，不需要通过良好操行追求福佑而富贵自来，所以叫正命；所谓随命，"勠力操行而吉福至，纵情施欲而凶祸到，故曰随命"（《论衡·命义篇》），致力于进德修业、端正操行才能得到富贵福佑，若放纵情欲则招揽灾祸，所以叫随命；所谓遭命，"遭命者，行善得恶，非所冀望，逢遭于外而得凶祸，故曰遭命"（《论衡·命义篇》），做善事遭恶报，与自己的期待大相径庭，就像遭遇横祸，所以叫遭命。这是儒家对命的传统解释。王充认为，如果从实际考察来看，儒家的这种传统解释并无效验。他举例说，盗跖、庄蹻横行天下，聚党数千，杀人越货，无恶不作。如果按照儒者的随命说，那他们都"宜遇其祸"，但是事实上他们都得以寿终，说明随命说与事实不符。再如颜渊、冉伯牛等，都是勉力行善之士，如按随命之说，当得福佑，他们却不幸早死。还有屈原、伍员等，都是对国家尽忠竭力的忠良，按随命说都应该得到福佑，结果一个遭流放投江，一个被枉杀。王充还指出，从逻辑上讲，随命和遭命是相矛盾的，二者不能同时成立。如果随命说成立，那么行善就会得到福佑，又何来"行善得恶，非所冀望"？"行善得恶，非所冀望"本身就是对随命"勠力操行而吉福至"的否定。故王充指出"言随命则无遭命，言遭命则无随命"（《论衡·命义篇》），坚持"且命在初生，骨表著见……则富贵贫贱皆在初禀之时，不在长大之后，随操行而至"（《论衡·命义篇》）的观点，并在此基础上对儒家三命说做出修正："正命者，至百而死；随命者，五十而死。遭命者，初禀气时遭凶恶也，谓妊娠之时遭得恶也，或遭雷雨之变，长大夭死。此谓三命。"（《论衡·命义篇》）他将正命改为百岁而死，将随命改为五十岁而死，将遭命改为在母胎中遭受恶劣环境导致禀气先天不足。

王充之所以会如此笃信命对人生的决定性意义，在于他看到了太多的"有才不得施，有智不得行，或施而功不立，或行而事不成"（《论衡·命禄篇》）的社会现象。特别是"怀银纡紫，未必稷、契之才；积金累玉，未必陶朱之智"（《论衡·命禄篇》），甚至一些很愚蠢的人由于机缘巧合成为千金富豪，另一些质劣愚钝的人轻易获任地方高官。有些人才德相似，但做官的职位相差很大；有些人才智相近，经营的产业却贫富悬殊。对于这些看起来极不合理的现象，王充无法从社会学的角度给予合理的解释，甚至不能理解，便只好归之于命，说服自己接受。其实王充自己就是这种不公平不合理现象的典型受害者，他博学多识，德行修洁，却一直处于社会基层，终身穷困潦倒。所以他最终提出"信命者，则可幽居俟时，不须劳精苦形求索之也"（《论衡·命禄篇》），目的还是说服人乐天知命、安贫乐道。

总之，在王充看来，人的富贵贫贱全由出生时的命决定，命中有时终须有，命中无时注定无。"富贵之福，不可求致；贫贱之祸，不可苟除"，同理，"有富贵之命，不求自得"（《论衡·命禄篇》）。

第三，观相知命。前已言之，王充认为一个人的命可以通过观察其骨法而推测出来，因为人生而禀命，则有表候见于身体，就是骨法。"是故知命之人，见富贵于贫贱，睹贫贱于富贵。案骨节之法，察皮肤之理，以审人之性命，无不应者。"（《论衡·骨相篇》）善于观相推命的人，观察一个人的骨节和皮肤纹理，就能断定人的德性和禄命，从暂时的贫贱中看出有富贵之命者，从暂时的富贵中看出有贫贱之命者，最终结果没有不应验的。

为说明命与古法之间存在必然的关联，王充列举了从黄帝到孔子等十二位圣贤特殊的相貌，从而论证异人必有异相的理论。他还指出："传言黄帝龙颜，颛顼戴午，帝喾骈齿，尧眉八采，舜目重瞳，禹耳三漏，汤臂再肘，文王四乳，武王望阳，周公背偻，皋陶马口，孔子反羽。斯十二圣者，皆在帝王之位，或辅主忧世，世所共闻，儒所共说，在经传者较著可信。"（《论衡·骨相篇》）所谓龙颜，就是眉骨圆而突起；戴午，就是头上长了像角一样的东西；骈齿，就是牙齿连成一片；再肘，即每只胳膊上有两个肘；望阳，就是眼睛高得可以看见头顶上的太阳；反羽，就是头顶凹陷像翻过来的屋顶。这些不同寻常的骨法相貌，表明这些圣贤的命不同常人，所以他们或登帝王之位，或成为一代圣人。

在王充看来，汉高祖也是异人异相的典型例子。汉高祖"隆准、龙颜、美须，左股有七十二黑子"（《论衡·骨相篇》），隆准即鼻子高。单父吕公善于看相，见高祖之相，以为日后必富贵，就将女儿嫁给他，是为吕后。高祖后来为泗水亭长，告假回家种田，与吕后及一双儿女居住乡间。有位善相的老人路过口渴求水喝，吕后招待了他，他看了吕后的相后，以为是天下之贵人，再相两个孩子，以为吕后之贵源于孝惠帝刘盈。高祖回来后也追上老人让他看相，老人以为高祖之相贵不可言，后来高祖果然得天下。王充认为，像高祖这样一家人俱有富贵之相，属于"类同气钧，性体法相固自相似"（《论衡·骨相篇》），即同一类命的人禀受的气相同，其天性、形体、骨法、相貌本来就相似。

还有一种情况，"异气殊类，亦两相遇"（《论衡·骨相篇》），禀受的气不同，命类不同，只要同属富贵之命，两人便可以结婚，富贵之男娶得富贵之妻，富贵之女亦得嫁富贵之男。反过来，"二相不钧而相遇，则有立死；若未相适，有豫亡之祸也"（《论衡·骨相篇》），如果两人之命不同，一属富贵一属贫贱，则不能婚配，否则贫贱者将有死亡之祸。王充以汉元帝皇后王政君和丞相黄霸为例来说明这个道理。

王政君曾经两次许配给人，临嫁期则其夫即死。平干王刘元欲聘之为姬妾，随即薨。元帝为太子时，入太子宫，受宠，生成帝。元帝继位，立为皇后；及成帝继位，为皇太后。王政君之命，当母仪天下，前所许配二人与平干王刘元无帝王之命，所以临近婚期就死了。

黄霸与一善相者同游，见一少女，相者以为这一少女当大富贵，为封侯者夫人。黄霸就娶之为妻，至宣帝朝果然位至丞相，封列侯。黄霸命中当贵，与相者所见少女之命相当，所以两人可以婚配，同享富贵。如果黄霸命中不当贵，那么他迎娶这一少女就会带来灾祸，像王政君所许配的那两人与平干王刘元一样，难保性命。

王充还认为，"举家皆富贵之命，然后乃任富贵之事。骨法形体，有不应者，择必别离死亡，不得久享介福"（《论衡·骨相篇》）。一个家庭中，只有全是富贵之命，才能安享富贵。如果其中有人从骨法形体来看非富贵之命者，其要么别离、要么死亡，无法与全家同享富贵。

王充还列举大量例证，来证明观相知命。如相者为英布看相，推断其当先遭肉刑而后封王，后来果然先遭黥刑又在楚汉战争中立有大功封淮南王；卫青贫贱时在建章宫所遇钳徒，观卫青之相便断定他日后封侯，后来卫青受汉武帝重用，率军反击匈奴，屡立战功而封侯；许负为周亚夫看相，预言他三年后封侯，九年后饿死，都得到应验。故王充深信，"知命之工，察骨体之证，睹富贵贫贱，犹人见盘盂之器，知所设用也"（《论衡·骨相篇》），善于看相的人从骨相体貌来推断人的富贵贫贱，就像看到盘子钵盂等器具就知道其用处一样。"论命者如比之于器，以察骨体之法，则命在于身形，定矣。"（《论衡·骨相篇》）

第四，性与命。王充认为，不仅命之富贵贫贱与骨相体貌有内在的联系，就是一个人的性情，也与骨相体貌有内在联系。

他指出："非徒富贵贫贱有骨体也，而操行清浊亦有法理。贵贱贫富，命也；操行清浊，性也。非徒命有骨法，性亦有骨法。"（《论衡·骨相篇》）范蠡观越王勾践"长颈鸟喙"，便知其"可与共患难，不可与共容乐"（《论衡·骨相篇》）之性情，是个无情无义的小人，在助其灭掉吴国成就霸业之后，就劝文种逃走，自己则泛舟五湖而去。尉缭从秦王嬴政"隆准长目，鸷膺豺声"，推断出他"少恩，虎视狼心，居约易以下人；得志亦轻视人"的性情，并认为"诚使秦王须得志，天下皆为虏矣"（《论衡·骨相篇》），尽管自己当时深受秦王礼遇，还是选择逃离。王充认为，这些都是为人熟知的古人观相知性的典型事例，那些不被记载淹没在历史长河中的事例当更多。

当然，虽然王充坚持性和命一样，俱是由出生前所禀自然之气即天性决定，也能通过观察骨相体貌的方式察知，但他也认为，二者不是一回事，特别是二者并非正相关。性善者不一定有富贵之命，同样，性恶者也不一定没有富贵之命，"或性善而命凶，或性恶而命吉"（《论衡·命义篇》）。性指的是操行善恶，命指的是祸福吉凶。有人行善不仅没有福报反而得祸，这就是操行善而命凶的缘故；有人做尽坏事却有好的福报，乃是其性恶而命吉。所以，性自有善恶，命自有吉凶，二者并不相干。命好的人虽不行善事，也不一定没有福报；相反，命不好的人，哪怕尽力进德修业，慕义强仁，也未必能避开灾祸。王充引用孟子之言"求之有道，得之有命"，认为福报有无在于命，性善能求之，命善才能得之。性善命凶之人，即使勉力追求也不能得到。

王充之所以坚持性命分离，就在于他看到了太多"行善而得祸""行恶而得福"的不合理现象，既无力改变，又无法从社会的角度予以合理的解释，只好将这一切归之于命。

第五，幸偶与遭遇。或许是觉得命定论并不足以解释所有的社会现象，王充又提出幸偶与遭遇理论作为补充。在《命义篇》中，王充提出"人有命，有禄，有遭遇，有幸偶"的观点。所谓命，就是指富贵贫贱；禄乃指盛衰兴废。如果命当富贵，又遭遇旺盛的禄命，便可一生安享荣华富贵。如果命当贫贱，又遭遇禄命衰微，则殃祸相仍，陷入苦海。遭是遭遇非常之变，有些人命当富贵，禄命又盛，却一度受厄，无法以命中富贵或困厄解释，只能称之为遭。比如商汤、周文王、晏子等，这些人均是富贵之命，禄命又盛，但是商汤一度被夏桀囚禁在夏台，周文王也曾经被纣王囚禁在羑里，晏子更是遭受过生命的威胁，"直兵指胸，白刃加颈，蹈死亡之地，当剑戟之锋"（《论衡·命义篇》）。但是由于他们"命善禄盛"，所遭这些变故均不能为害。王充还指出，命禄与变故如同水火，相胜相克，水盛胜火，火盛胜水。像商汤、周文王、晏子这类，虽遭变故但不能为害，是因为命禄克胜变故；如果所遭变故之祸足够大，便可以克胜命禄，从而丧命。他举例说，秦在长平活埋四十万赵国降卒，这四十万人中肯定会有命善禄盛者，但是难逃一死，就是因为所遭横祸大，其命禄不足以克胜横祸。

所谓遇，王充解释为"遇其主而用也"，即遭遇赏识自己的明主。否则，"虽有善命盛禄，不遇知己之主，不得效验"（《论衡·命义篇》），也无法在现实中得以实现。所谓幸，在王充看来"谓所遭触得善恶也"（《论衡·命义篇》），得善即获罪得脱，这就是幸；相反，无罪见拘就是不幸。如果命善禄盛，即使无罪见拘，也不会长久受厄，"执拘未久，蒙令得出，命善禄盛，夭灾之祸不能伤也"（《论衡·命义篇》）。所谓偶，主要指事君方面。"以道事君，君善其言，遂用其身，偶也"（《论衡·命义篇》），偶就是以正道事君，又能被君主赏识，从而身显名扬。否则，君主对其行为不赏识，将其贬退，那就是不偶。如果命善禄盛，贬退未远再被启用，这就是命禄克胜不偶之害。

从整体上来看，王充的命定论与遭遇幸偶之说并不自洽，如按命定论之说，则人在出生之前，其命便由所禀自然之气决定，他一生的富贵穷通也就决定了。但遭遇幸偶论的提出，又使一个人的命运充满不确定性，哪怕命善禄盛，也要与所遭变故相胜相克，最终结果完全取决于命禄克胜所遭之变故还是所遭之变故克胜命禄，反映了王充对待命运的矛盾心理。他在《命禄篇》中说"凡人遇偶及遭累害，皆由命也"，又把一切归给了命。当然，由于王充的命定论从本质上来讲是荒谬的，自然也就无法完美地解释社会现象，所以其以遭遇幸偶论来弥缝其说，必然左支右绌、捉襟见肘。

人才观是王充思想的重要组成部分，在《论衡》中，王充用相当的篇幅谈论了自己对人才的看法，见于《程材篇》《量知篇》《谢短篇》《效力篇》《定贤篇》《答佞篇》等。总体而言，王充从两个角度讨论了人才，一个是从身份角度讨论了儒生和文吏的优劣，另一个是从德性的角度讨论了贤与佞的不同。王充在强调儒生和文吏各有所长亦并有所短的同时，肯定儒生"以道为务"，认为儒生优于文吏。对于贤和佞，王充认为"佞与贤者同材，佞以情自败"，"夫贤者，君子也；佞人，小人也。君子与小人本殊操异行，取舍不同"（《论衡·答佞篇》）。虽然从才能上来看，贤与佞非常接近，但就德性而言，则有君子与小人之别。虽然是从两个不同的角度来讨论人才，但有一点是共通的，即都体现了王充德才兼备、以德为先的人才观。

一、尊儒抑吏，以道为务

在王充所处的那个时代，世俗对儒生是有偏见的，在评价儒生和文吏时并不公正，王充在《程材篇》中对这一现象做了描述：

> 论者多谓儒生不及彼文吏，见文吏利便，而儒生陆落，则诋訾儒生以为浅短，称誉文吏谓之深长。

王充指出，这种论调其实是既不知儒生、也不知文吏。事实上，文吏和儒生都有才智，比如文吏精熟具体的政务处理，而儒生在这方面不如文吏。

王充将文吏和儒生作了个比较，指出文吏的优长之处在于能"破坚理烦"，善于处理繁杂的政务，短处在于不能保持自身的操守。儒生的短处在于不擅长处理政事，优长之处在于坚守忠贞，"能建塞塞之节，成三谏之议"《论衡·程材篇》，敢于犯颜直谏，尽忠尽节，匡正太守的错误，让长官检点自身、约束自己。相反，文吏面对长官的过失，多阿意取容，助长长官放纵错误，酿成大错。总体而言，文吏以职事胜，但无节操，无原则立场；儒生忠心耿耿，大节不可夺，但处理具体事物的能力欠缺。

之所以会造成这种差异，在于二者成长环境不同。儒生大节凛然，敢于犯颜直谏，倒不是说儒生禀性都善，而是儒生"被服圣教，日夜讽咏，得圣人之操"《论衡·程材篇》，日夜诵读的都是圣贤之书，被圣贤感化，故能保持圣贤操守。而文吏从小练习写文书，不诵读圣贤文章，不闻仁义之教，长大后做文吏，就容易舞文弄法、徇私舞弊，追求自己权力和利益的最大化。

之所以如此，不是因为文吏都生性恶劣，而是他们自幼所传习的东西有违圣贤教化，导致他们习以为常。

　　王充非常看重教化对人德性的涵养熏陶，在《量知篇》中，王充指出："夫儒生之所以过文吏者，学问日多，简练其性，雕琢其材也。"王充认为，学习的作用就是约束情欲陶冶本性，使自己的才能和德性逐渐完善。儒生经过学习，才能得以完善，德性得以涵养，这是儒生胜过文吏的根本原因。儒生不仅研习先王之道，还长期沉潜于经传之学，故而不为非、多仁义。文吏胸中无仁义之学，未受儒家诗书熏陶，所以好为奸、少道德。王充还做了个假设，假如长官同时聘用儒生和文吏，儒生接受地方长官之禄，报之以道义，能够以道义辅佐长官。但文吏由于胸中无仁义之学、无道义之业，只能尸位素餐。一则学问不足，不能判别是非；二则担心批龙鳞而受到惩处，不敢直言进谏。"为地战者不能立功名，贪爵禄者不能谏于上"（《论衡·量知篇》），文吏就属于贪爵禄者，一旦得到官位，就想利用职务之便为自己谋取各种利益，所以他们为了保住官位，即使看见长官有滔天的过错，也只会装聋作哑、视而不见，不肯发声提醒长官。儒生则不同，从小学大义，以先王之道辅佐长官，行不通也不会贪位恋栈。儒生都有大臣之志，以经学勉励自己保持公正之操，所以敢于直言进谏。

　　王充把文吏和儒生对于国家的贡献做了个比喻，他认可文吏"笔札之能，而治定簿书，考理烦事"（《论衡·量知篇》），认为起草文书、批阅公文、处理繁杂的事务于国有益，不过这种作用就像欠了国家债的老百姓以服劳役抵债一样，是低层次的工作。而像儒生那样以先王之道换取国家俸禄，能为长官建功立业、推行教化，是文吏的贡献所不能比的。所以王充认为，和文吏相比，儒生心性简练，知虑光明，明于辨别是非，这才是君主值得珍视的。

同时，王充认为，文吏擅长的起草文书、处理杂务等事，儒生只要肯学习，照样可以做好，甚至比文吏做得更好。儒生不擅长处理这些事务，只因志向高洁、不屑学习，"其高志妙操之人，耻降意损崇，以称媚取进，深疾才能之儒，泊入文吏之科，坚守高志，不肯下学"（《论衡·程材篇》），而不是没有这个才能。他举例子说，齐郡的人世世代代都会刺绣，普通妇女没有不懂的；襄邑的一般人都会织锦，就是笨拙的妇女也没有手不巧的。原因无他，唯手熟耳。但是文吏就不同了，因为"事可学而知，礼可习而善，忠节公行不可立也"（《论衡·程材篇》），事务可以学会，礼仪可以练习熟练，但是忠贞之节和公正之行并不是短期内可以树立起来的。所以"儒生能为文吏之事，文吏不能立儒生之学"（《论衡·程材篇》），就像宰牛的刀可以杀鸡、杀鸡的刀却不能宰牛一样。在王充看来，"说一经之生，治一曹之事，旬月能之。典一曹之吏，学一经之业，一岁不能立也。何则？吏事易知，而经学难见也"（《论衡·程材篇》）。让通晓一经的儒生去学习处理一曹的事务，个把月就能精通；而让掌管一曹事务的文吏去学习一种经书，一年也不能学成。王充认为，文吏所处理的那些部门杂务很容易熟练，而经学之微言大义难以快速通晓。因为处理部门杂务只需要考察老百姓的事情，而研习经学则要通晓圣人之意，当然要更难。

　　总的来说，儒生和文吏追求不同，儒生追求的是忠良之操守，文吏追求的是处理政务的能力。文吏处置政务，依赖的是法令，而儒生则游文于六经之中，六经是汉王朝所立的最高典范，有国宪之称。所以从根本上来讲，"儒生所学者，道也；文吏所学者，事也"，"儒生治本，文吏理末，道本与事末比，定尊卑之高下，可得程矣"（《论衡·程材篇》）。

　　尽管如此，很多世俗之人依然坚持文吏胜过儒生，造成这种局面的原因，王充认为在于州郡长官之无能。由于州郡长官无能，"事多己不能理，须文吏以领之"（《论衡·程材篇》），自己不能处理州郡之政务，所以必须仰仗文吏，形成了对文吏的依赖。文吏能够理烦治剧，尽职尽责，且效果马上就看得到，所以州郡长官就爱重他们的能力。儒生不能担当繁杂的工作，长官有烦难疑问，也不能效力。他们的能力对于处理时事用处不大，导致被轻视嫌弃。如果州郡长官才智高深、地位显贵，在治理州郡中能够起到纲领作用，所有政务没有不由他们作决定的，又"志在修德，务在立化"，致力于修德进业以教化百姓，那么对他们来说，"则夫文吏瓦石，儒生珠玉"（《论衡·程材篇》）。

　　因此，王充认为是重用儒生还是重用文吏，关键在于州郡长官的志向和能力，"取儒生者，必轨德立化者也；取文吏者，必优事理乱者也"（《论衡·程材篇》）。如果州郡长官自身能力不足，就必须仰仗文吏，"材不自能则须助，须助则待劲。官之立佐，为力不足也；吏之取能，为材不及也"（《论衡·程材篇》）。

王充之所以推尊儒生而贬抑文吏，固然与他自己是儒生出身有关，有着为自身辩护的一面。但从根本上来看，在于"以儒生修大道，以文吏晓簿书，道胜于事，故谓儒生颇愈文吏也"（《论衡·谢短篇》），反映了王充以德为本的人才观。这一点，在他讨论贤与佞的问题时更加明显。

二、识贤察佞，以德为先

除了从儒生、文吏的身份角度对人才进行讨论外，王充还从贤与佞的德性角度系统阐述了自己的人才观。

王充认为，"佞与贤者同材，佞以情自败"（《论衡·答佞篇》），佞者并非才能有问题，而是德性有问题，追求肆情极欲，最终导致身败名裂。贤人都是通过坚持践行先王之道得到高官厚禄，虽然才能相似，但佞人之所以明知道践行先王之道可得高官厚禄而执意曲学阿世、谄媚逢迎以取富贵者，就在于他们受到欲望的驱使，成为自己欲望的奴隶。王充打比方说，佞者就像盗贼，所有的盗贼都明白努力耕种就可以获得粮谷，努力经营商业就可以获得财富，但是他们还是要盗窃别人的财物，就是因为受到欲望驱使。类似的现象很普遍，比如大家都知道以礼进退是最佳行为，但还是有人不遵守道义违背礼法。他们说到底都是受到贪欲的驱使，使自己的心志沉溺无法自拔。

贤人之所以能够避免像佞人那样因贪欲驱使而身败名裂，在于其"以礼防情，以义割欲"（《论衡·答佞篇》）。对于富贵，贤人同样也有追求的欲望，但是贤人懂得以礼法和道义克制自己的贪欲，把自己的行为纳入道义的轨道上来，就不会出问题。佞人则不同，他们贪图私利的欲望膨胀，不顾礼义的约束，不择手段地谄媚权贵，最终堕入罪恶的深渊。从根本上说，贤人是君子，佞人是小人，他们的操行追求有着本质不同。

为进一步揭示佞人的危害，王充还比较了谗人和佞人的区别。王充指出，谗人和佞人虽然同属小人，他们都妒贤嫉能，但是佞人的才智要胜过谗人，故而其害人的方式更加恶劣和隐蔽，让人防不胜防。谗人没有那么多花花肠子，害人的方式比较直接，就是搬弄是非、诽谤栽赃。佞人则不同，他们的目标非常明确，就是不择手段地追求自己的利益，"以计求便，以数取利"，"其危人也，非毁之；而其害人也，非泊之"（《论衡·答佞篇》），往往利用诡计和权术来达到害人的目的，手段更加高超。比如，他们想致人以险恶之地，往往通过别有用心的夸赞和厚待，让人不知不觉间着道，反而不怨恨他，把自己的心思隐藏得很深很巧妙。

王充举了个佞人害人的例子来说明其手段的高超。假如甲志行高洁、才智出众而又名声显赫，佞人就会妒忌甲，生怕长官召见咨询甲，对他的扶植提拔超过自己。佞人想使坏让甲被废置不用，就常常故意大加称赞甲。推荐甲的人一多，长官就会准备提拔任用他，这时去征询佞人的意见，佞人就会这样做：他一面肯定长官应该召见甲，一面又称赞甲志向远大、品行高洁，这种人一般不想留在县里，并且声称听甲说过希望进入郡府，在郡里则希望进入州府。既然有这么远大的志向，心思就不会关心近处，所以怎么用他就会成为问题：屈才而用他，他心里肯定不满意，可能会装病不干。总之，如果任命他的职位低就会伤害贤人，职位高又会损害长官的威信。所以任用他，对长官和他本人来说都不会有好处，而不任用他，对双方来说就不会有害处。这时长官就会被佞人明褒实贬的言论所迷惑，害怕甲的志向太高，从而对他弃之不用。王充认为，佞人就是通过这种富有欺骗性、迷惑性的伎俩来加害自己的竞争对手的。

正是因为佞人害人手段高超，并且隐藏得很深，所以君主往往很难识破他的真面目，让君主远离谗人、亲近仁人容易，让君主分辨贤者与佞人就没那么容易了。但是王充也指出，尽管佞人隐藏得很深，但并非不可知，"以九德检其行，以事效考其言"（《论衡·答佞篇》），佞人就会现形。所谓九德，就是《尚书·皋陶谟》中所言的"宽而栗，柔而立，愿而恭，乱而敬，扰而毅，直而温，简而廉，刚而塞，强而义"，用九条道德标准来检验其人之行为，并根据办事的效果来考察其人之言论，贤佞就会泾渭分明。凡是行不合德、言无法以办事效果证明的，这种人就不是贤人而是佞人。以九德来考察贤佞的这套方法，自皋陶时已有之，读过《尚书·皋陶谟》的应该都知道这套方法，但是君主还是经常被佞人欺骗，并非这套方法有问题，而是庸碌的君主能力不足、眼光不行。

王充也指出，并不是所有行为不合乎九德、办事效果经不起检验的都是佞人。因为人的才能有高下，庸人的才能、德性就不足以经得起这套标准的检验，但是庸人并不是佞人，因为他们可能尽管才能与贤人相比差距十倍百倍，但取舍的标准并无不同。佞人是言行不一的小人，他们可能口诵先王之道而品行不端。当然，也并非所有的恶人都是佞人，比如犯上作乱的恶人就称作"无道"。佞人是指恶人中巧于掩饰自己、富有心机的一类，君主立法设刑，目的在于惩恶扬善，佞人在被惩处之列，贤人在被奖赏之列。"观贤由善，察佞由恶"，识别贤与佞的关键在于判别善恶，只要善恶一定，那么贤人与佞人就容易识别了。另一种需要区别的是犯错的常人与佞人，常人有时会因为糊涂而犯错，但这种都不是存心故意的，所以不能把他们与佞人相混淆，还是要考察他们做错事的原始动机。

王充还以苏秦、张仪为例，说明佞人的另一大特点，就是有足够的才能建功立业。如果仅仅是心地邪恶而才智低下，不能够成事，也不能算佞人，佞人是"能以权说立功为效"（《论衡·答佞篇》）的恶人。像苏秦、张仪那样，苏秦游说关东六国合纵，秦国就不敢再对六国用兵；张仪游说诸侯连横，关东六国也不敢再进攻秦国。所以一般来说，佞人都"材高知明"，如果他们再缘饰以仁义，一般庸碌的君主就会分辨不出。特别是他们善于投君主所好，"人主好辨，佞人言利；人主好文，佞人辞丽"（《论衡·答佞篇》）。这种情况下，要分辨贤佞就要按照《文王官人法》所载的那套方法来进一步考察："推其往行，以揆其来言，听其来言，以省其往行，观其阳以考其阴，察其内以揆其外。"（《论衡·答佞篇》）对他前后的言行进行综合分析，看看是否一以贯之；对他的内心和外在表现进行综合考察，看看是否一致。例如，如果一个人本来不喜欢辩论，因为君主喜欢辩论，便去学辩论以求迎合君主；本来不会写文章，因为君主喜欢文章他就想着讨君主欢心。君主奢侈，自己就穿戴华丽；君主节俭，自己就不修边幅。这样综合起来看，他现在的操行与过去是否一致，在朝廷上的行为与在家时是否一致。以他在乡里的行为和他在朝廷上的行为作对比，以他供养双亲之节与事奉君主之操来堪比，这样佞人就会暴露出来，很难隐藏。

当然，就处世而言，贤人也不一定能完全保持前后一致。但贤人的权变与佞人不同，贤人的权变多是为了公事和国家，而佞人的权变则是为了自己和家庭的私利。尽管贤人权变可能会导致前后行为不一，看起来与佞人相似，但是观察他们所行权变的目的和动机，就能判断他们是贤是佞了。对于佞人是天生的还是学而后能这个问题，王充认为其实先天后天都有关系。从天赋上来讲，佞人大多智谋足以骗人，但到他游说君主时，就需要权术来打动君主，而这就需要学习了。王充举例说，就像名将自有勇猛之气来威慑敌人，但到打仗的时候就需要兵法来指挥军队进攻。佞人的权术就是合纵和连横，祖师爷就是鬼谷子，苏秦、张仪都以鬼谷子为师。

王充还就佞人是否会为自己获取好名声而努力的问题做了探讨，他认为佞人贪图财货，追求的是权力，并不重视培育自己的名声来抬高地位。但是因为他们能窃取权柄、占据要职，自然就会获得美誉，当然这种名声也仅仅只能得到小人的认可，在君子这里则行不通。因为只有道义才能打动君子，而利益仅能打动小人。一般来说，佞人贪图财货而致名声显赫也不会有什么好下场。真正流芳百世的都是不追求世俗利益而保全名声的人，比如伯成子高、于陵仲子等。佞人由于怀有贪财好利的心思，眼里只有眼前的利益，不考虑后患乃至杀身之祸，"义废德坏，操行随辱"（《论衡·答佞篇》），废弃道义败坏道德，因而不可能获取真正的好名声。

佞人也分高下，王充认为，大佞易于察觉，而小佞却更难被发现。原因在于大佞才高，其为恶也剧，就像大盗一样。大盗攻城掠邑，恶迹昭彰，故而易于察觉。小佞则不然，穿墙越户、小偷小摸这种鸡鸣狗盗、鸡毛蒜皮的坏事很难搞清楚是谁干的。当然，大佞易觉，小佞难治，这是从老百姓的角度而言。如果从君主角度而言，则是相反的。在君主面前，大佞很善于伪装自己，又做事周密，能花言巧语地迎合君主，所以君主往往对他们很满意，反而不易察觉。小佞则手段没有那么高超，说话做事不够周密，漏缝就多，容易被看出破绽。

王充很赞成孔子对佞人的批评，他引用孔子的话说："焉用佞？御人以口给，屡憎于人。"（《论衡·答佞篇》）那种用巧说诡辩之术来对付老百姓讨好统治者的佞人，老百姓都会痛恨他。佞人的特点是"误设计数，烦扰农商，损下益上，愁民说主"（《论衡·答佞篇》）。"误设计数"就是出馊主意，计数是办法、主意的意思，佞人最喜欢做的就是出馊主意，烦扰农民和商业经营者，损害他们的利益来讨好统治者。因此，看一个人是不是佞臣，王充给出了一个简单的标准："损上益下，忠臣之说也；损下益上，佞人之义也。"（《论衡·答佞篇》）真正的忠臣都是宁可损害一些君主的利益，也要满足老百姓的利益诉求，为君主巩固民心基础；佞人则相反，他们会千方百计地刻剥百姓以满足君主暂时的利益，不惜丧失民心，动摇统治基础。在王充看来，冉求就是典型的例子。冉求为季士做家臣，在他的搜刮下，季氏比鲁国公室还富有，但冉求为了讨好季氏，依然诛求无厌，聚敛不止，所以孔子非常激烈地批评他，"非吾徒也，小子鸣鼓而攻之可也"，公开号召门人攻击冉求，并和他断绝关系。季氏只看到冉求给他搜刮来了财富，还以为冉求是能臣，却不知冉求的搜刮已经激起民愤，使自己丧失了民心。

在中国文化中，佞本来是指有才智、口才好，所以《说文解字》给出的解释为"巧诣高材"，并无贬义。至今，"不佞"一词仍然作为人的谦称。《论语·雍也》曰："不有祝鲍之佞，而有宋朝之美，难乎免于今之世矣。"这里的佞就是口才好的意思，属于褒义。但在《论语·公冶长》中一段孔子与人的对话中，佞已很难说是褒义了。"或曰：雍也仁而不佞。子曰：焉用佞？御人以口给，屡憎于人，不知其仁。焉用佞？"佞被说成是巧言诡辩。但在孔子那里，冉求从来未被视为佞人，在王充这里却成了佞人的典型。实际上，在先秦秦汉之际，佞的含义也有了一个较大的转变。司马迁修《史记》，其中就有《佞幸列传》，所列高帝时籍孺、惠帝时闳孺，还特别说明这两人没有其他才能，只是以婉佞取得富贵。文帝时有邓通，司马迁也批评他既无才能，又不能荐士，仅仅靠小心谨慎谄媚皇帝而已。唯武帝时韩嫣，司马迁称其既善骑射，又善佞，至于武帝宠幸的卫青、霍去病，司马迁又为他们申说，指出卫青、霍去病虽然得到汉武帝的宠幸是因为外戚的身份，但是两人都才能超群，得到重用还是因为才能出众。可见司马迁所谓的佞人，并非才智之士，仅仅是善于讨好皇帝而受宠发迹的小人。因此，王充在讨论贤人与佞人时，是把佞人的概念重新做了定义的，特指才能杰出的小人，在他看来，佞人与贤人之别，在德性不在才能。

　　同样，对于什么是贤人，王充也有自己的理解，在《定贤篇》中，王充着力解决的就是这一问题。他首先提出圣贤难知的问题，"世人且不能知贤，安能知圣乎？世人虽言知贤，此言妄也"，并对世俗判断贤者的标准一一予以驳斥。王充指出，"富贵""事君调合寡过""朝廷选举皆归善""善人所称，恶人所毁""人众所归附，宾客云合""居位治人，得民心歌咏之""居职有成功见效""孝于父，弟于为兄""忠于君""全身免害，不被刑戮""委国去位，弃富贵，就贫贱为贤""避世离俗，清身洁行""恬淡无欲，志不在于仕，苟欲全身养性""举义千里，师将朋友无废礼""经明带徒聚众""通览古今，秘隐传记无所不记""权诈卓谲，能将兵御众""辩于口，言甘辞巧""敏于赋颂，为弘丽之文""清节自守，不降志辱身""无一非者"等二十一种世俗判断贤人的标准，实际上都不能有效识别贤人。辨识贤人的方法，唯在观心；观心的途径就是考察其言论，"有善心，则有善言。以言而察行，有善言则有善行矣"。言论行为没有错，治家可使亲属之间讲伦理，治国能使尊卑上下有次序，这类人就是贤人。如果心不善，就会黑白不分，善恶混淆，政治错乱，法度就会失去公平。"故心善，无不善也；心不善，无能善"，王充认为，心善就能辨明是非，是非的标准就能够明确，心善的功效也就会明了，这样即使贫贱穷困，功名不立，也无功绩可以证明自己，依然是贤人。基于此，王充提出贤人治国理政的准则："故治不谋功，要所用者是；行不责效，期所为者正。"他指出，治国不一定非得考虑功绩，关键在于所据为正理；行为不要求有成效，但一定得符合正道。贤人"才能未必高也而心明，智力未必多而举是"，关键在于心善。

　　王充在讨论儒生与文吏、贤人与佞人时，注入了自己的人生体验。从某种意义上说，儒生和贤人其实就是王充自己投射的影子，作为儒生和贤人对立面的文吏和佞人，实则有与王充共事过的同僚的印记。王充一生未曾显达，据《自纪篇》所言，其最高职位不过是扬州治中，这时王充六十一岁，已至晚年，仅仅一年便辞职还家。所谓"治中"，即"治中从事史"的简称，主管一州财谷簿书，属于州刺史的高级佐官之一。王充博学多才，入仕以来迟迟未得升迁，可能与当时地方长官缺乏处理政务能力、事事依赖文吏有关。故而王充在《程材篇》中讽刺这种现象："将之不好用之者，事多己不能理，须文吏以领之也。""今世之将相，不责己之不能，而贱儒生之不习；不原文吏之所得得用，而尊其材，谓之善吏。非文吏，忧不除；非文吏，患不救。"正因如此，作为儒生的王充备受冷落，"故世俗轻之，文吏薄之，将相贱之"。

同时，王充在本来就不顺的仕宦生涯中还曾遭人陷害，《自纪篇》中云："俗材因其微过，蜚条陷之，然终不自明，亦不非怨其人。"这次遭人陷害，很可能就是在县为功曹时。《答佞篇》中有"高行奇知，名声显闻"的甲，很可能就是王充自己。佞人明褒实贬的陷害，很可能就是王充自身的经历。

王充在《论衡》中多次申明"屋漏在上，知者在下""知屋漏者在宇下，知政失者在草野"的道理，他结合自己的亲身经历，讨论儒生与文吏、贤人与佞人的话题。虽然文吏是职业身份而佞人属于德性的判定，二者不属于同一类概念，但二者所具有的共性就是缺乏道德自律，这也反映了王充人才观中先德后才的理念。

前已言之，王充深恶于"虚妄显于真，实诚乱于伪，世人不悟，是非不定"（《论衡·对作篇》），故作《论衡》一书，"所以铨轻重之言，立真伪之平"，权衡是非之言，建立判断真伪的标准。为此，王充构建了一个庞大的对传世知识和理论学说绳谬纠错的体系，并选择典型案例进行剖析。这个体系既包括对典籍所载的传说和经学知识的纠谬，也包括对天人相与之际理论、民间禁忌、民间信仰和风水卜筮之类的批驳和匡正，几乎涵盖当时社会生活及知识体系的方方面面，体现了王充全面清理知识、信仰、认识方面的谬误以匡正时俗的决心。

一、正书传之讹

专门证定典籍所载虚假之事和不实之论，是王充"疾虚妄"的一大重要内容。王充在《书虚篇》指出：

> 世信虚妄之书，以为载于竹帛上者，皆贤圣所传，无

不然之事，故信而是之，讽而读之。睹真是之传，与虚妄
之书相违，则并谓短书不可信用。

世人因为典籍来源于古代的圣贤，故对其所载虚假的内容
也深信不疑，相反，那些真正记载真实内容的书，因与典籍记
载相反，大家反而不信，王充认为这种迷信古人的态度是非常
可笑的。为了破除书传所载的错误知识对人们认识事物真相的
干扰，王充做了有针对性的纠错工作，大概可以分为以下几个
方面：

一是订正书传所载的虚假传说。如书传所载孔子与颜回登
泰山望吴国阊门一事，颜回因竭力追随孔子，眺望阊门外之马
导致毕生精气神竭尽而死。王充指出，"盖人目之所见，不过十
里。过此不见，非所明察，远也"_{《论衡·书虚篇》}，人的视力能看到
的距离不超过十里，而鲁国与吴国相距千有余里，从常理上来
讲，无论是孔子还是颜回均不可能望见吴阊门，故判定这是
虚言。

再如，对于典籍所载"舜葬于苍梧，象为之耕；禹葬会稽，
鸟为之田。盖以圣德所致，天使鸟兽报佑之"_{《论衡·书虚篇》}的传
说，王充运用逻辑推断证明这种说法并不可信。因为舜和大禹
之德比不过尧，上天如果要对圣德之帝王报以鸟兽耕田，那么
尧所葬的冀州（一说崇山）也应当有鸟兽为之耕田，然而没有，
如此一来，天恩也未免太偏袒舜、禹了。再说天要是想报舜、
禹之圣德，也应该让苍梧、会稽两地的百姓祭祀他们，而不应

当让鸟兽耕田，因为只有祭祀才能使舜、禹受益，而象耕鸟田的受益者只是当地的百姓。如果象耕鸟田之事属实，那么天报答圣德帝王的方式未免太委婉了。通过逻辑分析，王充得出结论：所谓象耕鸟田之说绝不可信。对于此类以讹传讹之事，王充或运用常理判断或运用逻辑分析，一一指出其谬误及可能的真相。

二是对书传所载或儒者世代相传的关于一些重要人物的离奇传说和夸诞事迹予以揭露批驳，剥除加在那些伟大人物身上的神圣光环。这些离奇传说都是儒者刻意编造以神话他们的。如禹母吞薏苡而生禹、契母吞燕卵而生契、后稷母履大人迹而生后稷、汉高祖母刘媪与龙交而生高祖。特别是汉高祖，本是底层流氓出身，儒者所以编造出他母亲与龙交合而生出他，其目的在于掩盖他平凡的出身，为他建立汉帝国制造天命的依据。王充认为，虽然"其言神验，文又明著，世儒学者，莫谓不然。如实论之，虚妄言也"《论衡·奇怪篇》。

儒者美化尧舜和成康之治，"尧、舜之德，至优至大，天下太平，一人不刑"，又称"文、武之隆，遗在成、康，刑错不用四十余年"《论衡·儒增篇》。王充指出"尧、舜虽优，不能使一人不刑；文、武虽盛，不能使刑不用。言其犯刑者少，用刑希疏，可也；言其一人不刑，刑错不用，增之也"《论衡·儒增篇》。虽然尧舜圣德广大，但是不可能一人都不处罚；虽然周文王、周武王遗泽深厚，但是成康时期不可能四十多年不用刑罚。真实情况不过是尧舜和成康时期犯刑者少，刑罚不常用而已。之所以会有"一人不刑"和"刑错不用四十余年"的说法，源于"为言不益，则美不足称；为文不渥，则事不足褒"_{《论衡·儒增篇》}，不在语言文字方面做些夸张修饰，就不能很好地歌功颂德。

同样，为了凸显纣之恶，书传关于纣的恶行的记载，也往往夸大其词。比如书传所载"纣沉湎于酒，以糟为丘，以酒为池，牛饮者三千人，为长夜之饮，亡其甲子"_{《论衡·语增篇》}，又载"纣悬肉以为林，令男女裸而相逐其间"_{《论衡·语增篇》}。王充为了还原真相，对这些不实之词一一辩驳。他指出，纣王虽然喜欢喝酒也以酒作乐，但这种饮酒方式并不能给人以快乐。肉是吃的东西，必须保持清洁卫生，但男女裸逐其间就不可能保持清洁卫生，所以想想就可以知道这些传言是假的。

此外，在《语增篇》中，王充对孔子"周流游说七十余国"，"董仲舒读《春秋》，专精一思，志不在他，三年不窥园菜"以及"齐之孟尝，魏之信陵，赵之平原，楚之春申君，待士下客，招会四方，各三千人"等说法，均指出存在夸大其词的情况。通考《论语》及诸子之书，孔子所至不足十国，所以王充认为孔子周游十余国是可能的，七十国则是夸张。至于董仲舒三年"不窥园菜"，王充也认为是夸大之词，董仲舒读书虽然专心致志，但是不可能不休息，不可能不出门庭游玩，出门庭就会看到园菜。四公子好客，门客众多是事实，但三千人实属夸张，王充认为他们每个人可能会有千余门客，再多则不大可能。

三是批驳今文经学派所编造的理论及当时一些流行的错误

说辞。自汉武帝"罢黜百家、表章六经"以来，经学就成为汉帝国的国家意识形态，代表权威和真理，最初被立为官学的全部是今文经学。随着古文经学被发现、整理与传播，今文经学派开始面临古文经学派的挑战。为了神化今文经学，巩固其思想学术界独尊的地位，今文经学家编造出许多荒诞不经的理论，对学术思想界造成严重的不良影响。另外，一些名利之徒利用朝廷求书心切，伪造古文经书以求富贵，致使社会中流传一些似是而非的古文经学，严重干扰了学术界对经学真相的探讨。

前已言之，从学术流派来看，无论是班彪还是王充，都倾向于古文经学派，即使算不上古文经学家，最起码也是古文经学派的支持者和同情者。王充并不迷信今文经学在理论界的权威地位，并对今文经学家的一些附会之词，予以毫不留情的驳斥和批判。同时，他对伪造古文经书所带来的恶劣影响也予以廓清，通过严密地考察事情的首尾来指斥其妄。

一个是关于《尚书》的问题。《尚书》篇数在当时争议比较大，古文经学派和今文经学派双方的认识大不相同。当时流行的一种说法是《尚书》百两篇，即有102篇。王充指出所谓百两篇的说法，最初源于东海人张霸的作伪。汉成帝时，征求能治古文《尚书》的学者，张霸根据百篇《尚书》的序言，凭空编造出百两篇本的《尚书》。但是早在汉武帝时，鲁恭王拆毁孔子古宅以扩建宫殿，就在鲁壁中得到了百篇《尚书》，被汉武帝藏于秘府。对于张霸所献的百两篇《尚书》，成帝命人和藏在秘府的百篇《尚书》进行对照，发现全对不上。张霸伪造百两篇

《尚书》之事败露，只是成帝惜才未诛杀他，也没有禁绝他造的伪书，于是百两篇的说法便流传开去。

关于《尚书》的篇数，王充维护传统的百篇说，他认为《尚书》在孔子删定传授时是百篇，但当时流行的说法是《尚书》有二十九篇。秦时焚书，伏生把他的《尚书》藏于山中，汉景帝时，汉朝求《尚书》，伏生就把所藏的《尚书》重新找出来进行传授，晁错前往受学仅传二十余篇。其后伏生老死，《尚书》就残缺不全了。汉宣帝时，河间女子从自家老屋中寻出了一篇，是为二十九篇，这才是《尚书》篇数的真相。王充关于今文《尚书》的说法，与《史记》《汉书》所载的也不一致，按照《史记·儒林列传》和《汉书·儒林传》的记载，秦焚书时"伏生壁藏之"，即藏于墙壁中。汉朝建立，伏生将《尚书》寻找出来时仅剩二十九篇，汉文帝时征求治《尚书》的学者，由于伏生已九十余岁，老不能行，才派晁错跟他去学习《尚书》。按照王充的说法，伏生在汉建立后找出来的《尚书》当是一百篇，只是仅传授给晁错二十余篇（据后文当是二十八篇），今文《尚书》所以残缺是因为伏生的老死。王充这种说法显然有误，因为伏生所传弟子并非仅晁错一人，据《史记·儒林列传》和《汉书·儒林传》记载，汉兴伏生即寻出所藏《尚书》教于齐鲁间，其弟子尚有济南张生、欧阳生等人。如果伏生所传《尚书》为完帙，则欧阳生、张生所受《尚书》当是百篇。事实上，在武帝朝最立为官学的就是欧阳生所传的《尚书》，也是二十九篇。

对于今文经学家所谓"《尚书》二十九篇者，法曰斗七宿也。四七二十八篇，其一曰斗矣，故二十九"（《论衡·正说篇》）的说法，王充认为这是无稽之谈，不足为信。《孔丛子·连丛子上》所载孔臧与孔安国的信中提到《尚书》篇数："且曩虽为今学，亦多所不信。唯闻《尚书》二十八篇，取象二十八宿，谓为至然也。何图古文乃有百篇邪？"孔臧本学今文《尚书》，其所谓"《尚书》二十八篇，取象二十八宿"本是今文经学家的说法。王充指出今文《尚书》二十九篇是经秦焚书后保留下来的，已非完璧。如果说二十九篇为效法北斗和二十八宿，那根据百篇书序，剩余的七十一篇为何无所效法？针对这二十九篇为孔子单独挑选所以有所效法的说法，王充指出这是俗儒自己编造的解释，肯定不是出自经传明文。他认为，《尚书》只剩二十九篇，残缺不全，传授《尚书》的俗儒为了神化二十九篇的地位，便根据这个不完整的篇数，编造出效法星宿的说法，既失去了圣人的本意，又违背了历史事实。王充认为，经书的篇和章句、文字本质上是一回事，文字有意义就构成了句子，句子多了就构成了章节，章节再按照一定的体例缀结成篇。篇就是章节句读的结合，如果说篇数有所效法，那么章节句读也应该有所效法。王充还以《诗经》为例，《诗经》古时本有几千篇，孔子删定为三百零五篇，如果说《尚书》二十九篇为孔子单独挑选出来的，那么《诗经》三百零五篇也是孔子挑选出来的，也应该有所效法了。

还有一个是关于《春秋》的问题。今文经学派牵强附会之说，以《春秋》学为甚，特别是公羊学派。与《尚书》一样，《春秋》学家也造出"《春秋》十二公法十二月"_{（《论衡·正说篇》）}的说辞，认为《春秋》所记事自鲁隐公至鲁哀公共十二公，取法于一年十二月。王充认为，《春秋》十二公就相当于《尚书》百篇，百篇无所效法，那么十二公同样也无所效法。所谓经书有所效法，是"说事者好神道恢义"_{（《论衡·正说篇》）}编造的结果。如果从根本上考察经书，结合其文义来看，圣人作经和贤者著书的道理都是相通的，"义穷理竟，文辞备足，则为篇矣。其立篇也，种类相从，科条相附。殊种异类，论说不同，更别为篇。意异则文殊，事改则篇更"_{（《论衡·正说篇》）}。意义、道理、论说清楚透彻并且文辞完备就构成了一篇文章。立篇的原则是以类相从，把同类的内容归在一起，然后把章节串联起来，内容不同、论说方式也不一样就另起一篇。所以文辞、篇章完全由所论说的内容和意义决定，哪里会有所取法？

至于《春秋》为何记十二公二百四十二年之事，王充引用当时公认的关于《春秋》学的理论"二百四十二年，人道浃，王道备，善善恶恶，拨乱世，反诸正，莫近于《春秋》"_{（《论衡·正说篇》）}为证，指出孔子作《春秋》，记载十二公二百四十二年间的事，已经把人道、王道和拨乱反正之道都讲清楚透彻了，"足以立义"，这才是《春秋》记十二公二百四十二年的原因，相当于周代军队的编制三军六师万二千人，足以克敌制胜。

关于《春秋》的另一种谬论是"《春秋》二百四十二年"即是"据三世"说，人"上寿九十，中寿八十，下寿七十"_{（《论}

衡·正说篇》)。孔子据中寿三世而作，所以是二百四十年，为汉朝享国年数的一半。王充指出，《春秋》"据三世"说和"《春秋》二百四十二年"说相矛盾，两者必有一非，"夫据三世，则浃备之说非；言浃备之说为是，则据三世之论误"（《论衡·正说篇》)。如果《春秋》二百四十年是孔子据中寿特意做出的安排，那"二百四十二年"之说就不能成立；既然大家都认可"二百四十二年"之说，那么"据三世"说就是无稽之谈。

此外，关于《春秋》书名的一些记述，今文经学家也喜欢借题发挥。今文经学家解释《春秋》书名，以为"春者岁之始，秋者其终也。《春秋》之经，可以奉始养终，故号为《春秋》"（《论衡·正说篇》)。王充引用孟子的话驳斥之："孟子曰：'王者之迹熄而《诗》亡，《诗》亡然后《春秋》作。晋之乘，楚之《梼杌》，鲁之《春秋》，一也。'"（《论衡·正说篇》）王充指出，按照孟子的说法，《春秋》本是鲁国史书的名字，孔子是在鲁国史书的基础上修订《春秋》的，也就继承了鲁国史书的旧名，所以"未必有奇说异意，深美之据也"（《论衡·正说篇》)。公羊、谷梁两家解说《春秋》，如果不记载具体日月，就会借题发挥。如《公羊传·隐公三年》对于经文"三年，春王二月己巳，日有食之"的解说："何以书？记异也。日食则曷为或日或不日？或言朔或不言朔？曰'某月某日朔，日有食之'者，食正朔也。其或日，或不日，或失之前，或失之后。失之前者，朔在前也；失之后者，朔在后也。"①《春秋》对于日食的记述，有的记载具体日期，有的不记载具体日期；有的明言在朔日，有的不明言。按照公羊家的解释，这些记述都别有深意。凡是记载"某月某日朔，日有食之"，日食都是出现在朔日。有的记日期，有的不记日期，就说明日食不是发生在朔日，"或失之前，或失之后"。记日期的为失之前，就是朔在前，日食发生在朔日后；不记日期的为失之后，就是朔在后，日食发生在朔日前。食正朔和失之前、失之后，在公羊家看来也是有深意的。食正朔"象君行外强内虚，是故日月之行无迟疾，食不失正朔也"，所谓"外强内虚"，即外表有威仪而内怀虚心，能够接受不同意见，这是为君的正道，所以日食也就赶在朔日这个节点上。如果"君行暴急，外见畏，故日行疾，月行迟"，就会出现"过朔乃食"的情况，也就是失之前。同理，如果"君行懦弱见陵，故日行迟，月行疾"，就会出现"未至朔而食"的情况，也就是失之后。对于今文经学家的这套说辞，王充深不以为然，他引用《左传》"桓公十有七年冬十月朔，日有食之。不书日，官失之也"（《论衡·正说篇》）为证，认为有些记述不记具体日期，是当时史官记录的失误，并没有什么微言大义。他指出"史官记事……其年月尚大难失，日者微小易忘也。盖纪以善恶为实，不以日月为意"（《论衡·正说篇》），说明史官记录以善恶为主，并不是非常在意事情发生的具体时间。年月因为比较大，所以不那么容易被遗漏，而具体日

---

① 刘尚慈译注：《春秋公羊传译注·隐公三年》，中华书局2010年版，第19页。

子就容易被忽略。

四是厘正关于经学的一些错误认识。王充不仅对今文经学家神话《春秋》《尚书》的附会之词予以反驳，还对经学的一些错误认识予以纠正。关于《周易》的形成，汉儒通行的说法是"人更三圣"，即伏羲氏作八卦，周文王重为六爻，以成六十四卦，孔子作《彖》《象》《系辞》《文言》《序卦》等十翼。王充指出这是对《周易》的误解，真相是伏羲氏时"河出图"，河图是八卦的起源，因而八卦非伏羲氏所作，乃是伏羲氏所得。六十四卦也并非文王所重，夏之《连山》、殷之《归藏》都是六十四卦之易，文王和周公"因《彖》十八章究六爻"_{《论衡·正说篇》}，也仅仅写出彖辞十八章解释六爻之义。值得重视的是，王充指出文王演成六十四卦之说"生于俗传"，即民间传易之人的说辞，如果信之，将"使夫真是几灭不存"，会使关于易学的真实情况全部被抹杀而难以立足，造成"既不知《易》之为河图，又不知存于俗何家《易》也"_{《论衡·正说篇》}的情况。那么民间所流传的易学到底是什么？王充认为"或时《连山》《归藏》，或时《周易》"_{《论衡·正说篇》}，据他考察，东汉初年《连山》《归藏》《周易》这三种易学民间都有流传，这对纠正易学史关于《连山》《归藏》之易的认识或有帮助。

王充还对《论语》的成书进行考证，指出"夫《论语》者，弟子共记孔子之言行，敕记之时甚多，数十百篇"_{《论衡·正说篇》}这一事实。只是到了汉朝兴起，这"数十百篇"本的《论语》亡佚。《论语》重新面世是在汉武帝时期，鲁恭王刘余扩建宫室时拆孔子故宅发现一批古文经，其中就包括古文《论语》二十一篇，再加上齐《论语》、鲁《论语》和河间王刘德所整理的《论语》共计九篇，为孔壁古文《论语》，所以传世《论语》共有三十篇。由于昭帝的女儿专读孔壁古文《论语》二十一篇，宣帝时又将此交给太常博士讲授并用隶书写定，把它归入传类。孔壁古文经的整理者孔安国把古文《论语》二十一篇传给扶卿，扶卿官至荆州刺史，从扶卿开始，《论语》才成为专称，与《孔子家语》《三朝记》《仲尼燕居》之类的书区别开来，后者不再称《论语》。

书传和经学在当时的学术界和思想界都有重大影响，王充正书传之失，并厘正经学的一些错误说辞，其目的就在于破除这种错误的观念或理论对人的思想的误导，错误的思想往往会导致错误的行动，对社会政治造成危害。唯有从思想学说根源上清理这种错误认识，才能防止其造成社会危害。

二、明天人之谬

前已言之，天人相与之际理论是笼罩在两汉统治者头上的迷雾，对两汉政治社会产生深远的影响，甚至一度威胁到汉帝国统治的合法性。王充"疾虚妄"的一大内容，就是对虚妄无凭的天人相与之际理论及相关记载进行质疑和辨析。这部分内容在《论衡》中占了相当的篇幅，包括《变虚篇》《异虚篇》《谴告篇》《寒温篇》《变动篇》《讲瑞篇》《指瑞篇》《是应篇》《明雩篇》《顺鼓篇》《自然篇》《感类篇》《遭虎篇》《商虫篇》

《乱龙篇》等，对天人相与之际理论做了系统而全面的批判。

天人相与之际理论是先民们关于天的信仰之一，早在三代时期就已形成雏形。发展到汉代，这一理论更加庞杂，不仅形成了体系，还分化了好几个流派。比如董仲舒所构建的天人感应理论，这一理论的基础是"美事召美类，恶事召恶类，类之相应而起也"，其主要内容包括谴告说、符瑞说、同类相应说和五行说。董仲舒把《春秋》中记载的灾异和人事相联系，"始推阴阳，为儒者宗"，建立谴告说的理论体系，他说："臣谨案《春秋》之中，视前世已行之事，以观天人相与之际，甚可畏也。国家将有失道之败，而天乃先出灾害以谴告之，不知自省，又出怪异以警惧之，尚不知变，而伤败乃至。"①谴告说认为，灾异是上天对君主政治之失的谴告，君主治理国家如果背离王道，天就会降灾异来谴告他；如果君主不知道醒悟，天又会生出一些怪异的事来警惧他；如果他还不知道悔改，天将以伤败来惩处他。谴告说实际上是"恶事召恶类"理论的具体化，《春秋》则是记载这类案例的经书，"孔子作《春秋》，上揆之天道，下质诸人情，参之于古，考之于今。故《春秋》之所讥，灾害之所加也；《春秋》之所恶，怪异之所施也。书邦家之过，兼灾异之变，以此见人之所为，其美恶之极，乃与天地流通而往来相应"②。孔子作《春秋》的一大目的，就是通过案例向世

① 班固著、颜师古注：《汉书·董仲舒传》，中华书局1965年版，第2498页。

② 班固著、颜师古注：《汉书·董仲舒传》，中华书局1965年版，第2515页。

人说明天人之间的这种感应，所以《春秋》所讥讽的事情就是天所降灾害的，《春秋》所憎恶的做法就是天所降怪异的。孔子通过记载国家过失和灾异变化之间的密切联系和对应，表明天人之间确实存在这种感应关系。

与谴告说对应的是符瑞说，即"天瑞应诚而至"[①]。如果君主有圣德、行王道，将国家治理成太平盛世或者受命于天而王，就会有美好的事物出现，麟、凤、芝草、甘露、醴泉等，儒家认为这些东西是祥瑞的象征，也就是符瑞。所谓"帝王之将兴也，其美祥亦先见"。

同类相应说，"如马鸣则马应之……物故以类相召也。故以龙致雨，以扇逐暑，军之所处，生以棘楚"。董仲舒玩以土龙求雨的把戏和"求雨，闭诸阳，纵诸阴，其止雨反是"的把戏，就是依据同类相应说。

五行说比较复杂，包括"治乱五行""五行变救"和"五行五事"。"治乱五行"主要是说五行如果错乱就会出现不正常的现象，也就是灾异，如《春秋繁露·治乱五行》中说"水干金，则鱼不为；木干金，则草木再生；火干金，则草木秋荣；土干金，五谷不成"。"五行变救"是说以施德政来救五行错乱所造成的灾异，"五行变至，当救之以德，施之天下，则咎除；不救以德，不出三年，天当雨石"。比如"木有变，春凋秋荣……春多雨，此繇役众，赋敛重，百姓贫穷叛去，道多饥人；救之者，

[①] 班固著、颜师古注：《汉书·董仲舒传》，中华书局1965年版，第2500页。

省繇役，薄赋敛，出仓谷，赈困穷矣"，如果木受到侵犯发生异常，就会出现植物在春天凋零而在秋天枝繁叶茂等情况，原因在于老百姓负担的徭役太重、赋税太多，导致民众流亡挨饿。挽救的办法在于轻徭薄赋，开仓赈民。"五行五事"实际来自《尚书·洪范》，伏生所传的《五行传》把君主之貌、言、视、听、思与五行之木、金、火、水、土相对应，董仲舒又将其与四时搭配。

除了董仲舒所构建的天人感应这套理论之外，当时流行的天人相与之际理论还有传自伏生的《五行传》、司马迁的《天官书》和以京房为代表的象数易学理论。这些理论之间相互矛盾之处甚多，对于相同或相近的灾异现象莫衷一是。大体上都是以天象（包括自然界所有不正常现象）配人事、以天象应人事而来，只是解释的理论不同，或以五行解释，或以易道解释，或以《春秋》所记案例比附，相互之间又有许多交叉和重复的地方。

王充批判天人相与之际理论，并非笼而统之，而是系统有重点，且有针对性，是对天人相与之际理论的一次全面廓清。

天人相与之际理论虽然庞杂，但谴告说是其主要内容，核心理论是人君有过，天出异象以谴告之。无论是董仲舒所建立的天人感应说，还是《五行传》《天官书》和象数易学理论，从整体上来说都以谴告说为基本理论模式。王充以道家"天道自然无为"说为批判武器，在《变虚篇》《异虚篇》《谴告篇》等对谴告说做了系统的批判。比如，王充在《异虚篇》中对"桑谷之祥"一事的批判。据《尚书·咸有一德》后之所附序记载，殷高宗时桑谷生于朝，祖己以为不祥，是亡国之象。殷高宗惧，"侧身而行道，思索先王之政，明养老之义，兴灭国，继绝世，举佚民。桑谷亡"（《论衡·异虚篇》），通过修明政治战胜了不祥之兆。殷高宗修德以胜桑谷之祥是六经所载最早的天人相与之际案例之一，也可以说是天人相与之际说的源头之一。王充对该事件进行澄清厘正、正本清源。他认为这是不可能的事，祖己的解释完全没有根据。如果桑谷真是亡国之象征，那殷高宗修明政治并不能改变亡国的命运。王充又举汉武帝时获白麟，终军认为是佳兆，象征天下和为一家的例子。他指出，桑谷是野草，白麟是野兽，都是野生之物，野兽和野草没有本质差别，终军以野兽为吉兆，祖己以野草为凶征，不符合逻辑。事实可能是殷高宗确实见桑谷生于朝而问祖己，祖己以为不祥，高宗听了他的话修明政治，这时候恰好有六国诸侯来朝，儒者把两件本不相干的事情附会在一起，硬说成是修明政治以消除灾祸。王充不仅反对将天变等自然现象与恶政乱世相联系，还反对把祥瑞与善政治世相联系。这实际上是对董仲舒"美事召美类，恶事召恶类"和"其美恶之极，乃与天地流通而往来相应"说的颠覆。比如对于麟凤是仁兽仁禽、为圣王而来的说辞，王充直言"此言妄也"。他列举汉宣帝时期史籍记载麟凤来的现象，指出如果儒者所说非虚，则汉宣帝就是圣人，实际上大家都知道汉宣帝虽然很有作为，但远称不上圣人。他又举鲁哀公时西狩获麟凤的例子，认为当时无圣王而麟凤至，说明麟凤不为圣王而来。在天人相与之际理论中，麟凤是最重要的祥瑞，其出现为君主有圣德、国家太平盛世之应。王充不仅质疑麟凤与圣君、太平盛世的联系，还对天人相与之际理论中的其他祥瑞之物予以明确的否定，"儒者论太平瑞应，皆言气物卓异，朱草、醴泉、翔凤、甘露、景星、嘉禾、萐脯、蓂荚、屈轶之属"，"若夫萐脯、蓂荚、屈轶之属，殆无其物。何以验之？说以实者，太平无有此物"（《论衡·是应篇》）。同时，王充指出所谓景星缘于古人天文知识不足，不识岁星、太白等星，"见大星则谓景星"（《论衡·是应篇》）。通过对所谓太平瑞应之物的揭破，王充从根本上摧毁了谴告说的基础。

王充坚持道家"天道自然无为"说，认为考察天道，黄、老自然无为说是符合客观实际的，"夫天道，自然也，无为。如谴告人，是有为，非自然也。黄、老之家，论说天道，得其实矣"（《论衡·谴告篇》），并以"天道自然无为"作为评判关于天的学说的基本标准，认为凡是违背"天道自然无为"的都是虚妄之说，不足为信。因此，针对谴告说，王充指出如果说天可以谴告人君，那天就有为了，天道也就不是自然的了。由此得出，天谴告人君说是虚妄的。

在批判谴告说的同时，王充还对同类相应说和五行说专门做了有针对性的批判。按照《尚书·洪范》记载，"急，恒寒若；舒，恒燠若"（《论衡·寒温篇》），推演开来，"人君喜则温，怒则寒。何则？喜怒发于胸中，然后行出于外，外成赏罚。赏罚，喜怒之效。故寒温渥盛，凋物伤人"（《论衡·寒温篇》）。之所以会出现这种喜则温、怒则寒的情况，儒者解释说是"以类相招致也。喜者和温，和温赏赐，阳道施予，阳气温，故温气应之。怒者恼恚，恼恚诛杀。阴道肃杀，阴气寒，故寒气应之。虎啸而谷风至，龙兴而景云起。同气共类，动相招致"（《论衡·寒温篇》），把人君喜怒和刑赏与天气的寒温联系在一起。人君喜乐，心情舒畅，就容易赏赐臣下，赏赐属于阳道，阳气主生温暖，故天气就常温；反之，人君性格暴躁容易发怒就会滥施刑罚，刑罚属于阴道，阴道主肃杀，生寒冷，就会导致天气常寒。这就是同类相感、同气相召的原理，与虎啸而谷风至、龙兴而景云起是一个道理。王充指出这种说法极不可靠，并以历史事实为例来反证寒温与君主喜怒相关之说虚妄无凭。他指出战国、秦汉之时，诸侯互相征伐，国君与国君之间、将士与将士之间充满怒气和仇杀之气，当时的天气却未必经常寒冷；尧舜太平盛世，政通人和，君民安乐，歌舞升平，当时的天气却未必经常温暖。由此可见，喜怒生寒温之说与历史事实不符。同样，蚩尤、秦朝统治者滥施刑罚的情况极为严重，当时的天气未必经常寒冷。如果刑赏生寒温，那么鲁国与齐国接壤，让齐国行赏、鲁国行罚，岂不造成齐国暖而鲁国寒？事实上并非如此。故王充指出，寒温"殆非人君喜怒之所致。世儒说称，妄处之也"（《论衡·寒温篇》）。"寒温之至，殆非政治所致"（《论衡·寒温篇》），只不过寒温天气的到来，恰好与君主的赏罚碰在一起，属于偶然现象。所以王充认为，君主的喜怒能造成天气的寒温变化，是一些人的附会之词。

王充还以汤遭旱自责天应以雨一事为例说明同类相感之虚妄，根据书传记载："汤遭七年旱，以身祷于桑林，自责以六过，天乃雨。"（《论衡·感虚篇》）王充指出，汤因天气干旱牺牲自己祷于桑林是可信的，但说天因此而降雨则是虚言。汤之祷于桑林，不过是"贤圣感类，慊惧自思，灾变恶征，何为至乎？引过自责，恐有罪，畏慎恐惧之意，未必有其实事也"（《论衡·感类篇》），即圣贤见灾变这类不祥之兆，往往心怀疑惧，检讨自己而自我责备，这是一种戒慎恐惧的心理，不一定是真有过错。汤既然称圣人，那么圣人的道德常是纯正完美的，其行为也没有过失，所以旱情不是因汤而至，自然雨也不是应汤引咎自责而降。汤时先旱后雨，不过是自然现象罢了。

王充还指出，"六经之文，圣人之语"之所以谈论天人相与之际说，是借助神道设教，让那些愚昧而无道的君主见此而惧，约束自己的恶行，说明他已深察天人相与之际说的本质。难能可贵的是，王充提出天道根植于人心，他引用《易》中"大人与天地合其德"和吴太伯"天不言，殖其道于贤者之心"，来论证贤人君子之德就是天德，贤者之言就是天言，而贤人君子对朝政之失的批评和谏诤，就是天的谴告。他批评那种不信圣人之言，反而相信灾异谴告、苦苦追寻上天之意的统治者，并呼吁与其相信缥缈无凭的天，不如听从贤人君子之言，尊贤使能，这才是治国的正道。

王充对笼罩在人们头上、禁锢人们心灵的天人相与之际说提出批判和否定，并最终提出天意即贤者之心，求索虚无缥缈的天意不如依靠贤者，这一见识无疑高出同时代人很多。其核心思想仍在于重视人事和贤才，他指出国家的安危不能寄托于天，而必须依靠人事。当然，他对天意的否定并不彻底，在他的学说中也不乏自相矛盾之处。比如他在《乱龙篇》中替董仲舒"设土龙以招雨，其意以云龙相致"辩护，提出十五条"以象类"的效验，又提出四条从礼的意义上的解释，以证实董仲舒"览见深鸿，立事不妄，设土龙之象，果有状也"。

三、破迷信之说

破除民间盛行的迷信思潮，是王充疾虚妄的又一重要内容。迷信思潮在生产和生活的诸多方面束缚百姓的手脚，让民众付出不必要的代价。王充破除迷信思潮，意在将人们从这种束缚中解放出来，更加自由地生活。这里的迷信思潮又可以分为几个方面：一是关于因果报应的思想，二是民间关于龙、雷的迷信思想，三是关于人死后为鬼的迷信思想，四是关于禁忌的迷信思想，五是关于卜筮的迷信。

世人一直相信因果报应，认为"行善者福至，为恶者祸来"，并且认为这来自天意，是上天对人行善作恶的回应。流传比较广的有楚惠王吞水蛭疾愈一事，楚惠王食用寒菹时发现由于后厨人员不仔细藏有一只水蛭，如果这事张扬出去，后厨人员将会依法被诛。惠王于心不忍，便把水蛭吞下，导致原有病情加剧。令尹前来探病，问病情加剧之由，楚惠王便把实情告诉了令尹，令尹向惠王表示祝贺，原因是"天道无亲，唯德是辅"，惠王这么做是有仁德的表现，上天要回报惠王，所以病也不会有什么大的危害。果然，夜里惠王拉出了水蛭，原来腹部的病也好了。于是大家都认为这是上天对行善者回报以福的典范。王充指出，这种事情根本不可信，并对此做了深入的逻辑分析。他认为，惠王这么做是非常荒唐的行为，如果说上天福佑行善者的话，那就不会福佑惠王。寒菹中有水蛭，这是后厨人员的过错，惠王不应该掩盖，更不应该为了掩盖而吞下水蛭，使他们有过错而不自知，这是姑息纵恶，而且很难避免下次类似的情况发生。如果不忍心那么多后厨人员因为饮食小事被诛，正确的做法应该是先公布他们的过错，依法治罪，再利用国君的权力赦免他们。如果说惠王这么做得到了上天的回报而使他宿疾痊愈，那么惠王的仁德无论如何都比不上周武王和孔子，然而周武王和孔子生病时都没有类似的福佑，上天的福佑未免太无凭据。至于惠王拉出水蛭，腹中宿疾痊愈，王充认为水蛭被惠王吞下，在腹中闷死，所以被拉出来很正常。至于宿疾痊愈，可能是水蛭碰巧把腹中生病的部位给吃掉了，和上天福佑没有关系。王充从逻辑上推断天福佑惠王是不可信的，又对其宿疾痊愈在认知范围内尽可能地给予了合理解释。

　　同样的还有宋景公之时的荧惑守心之变。宋景公时，火星出现在心宿附近，子韦认为这是天罚，而心宿是宋国的分野，故灾祸落在了宋景公身上，因此，子韦建议宋景公把灾祸转移给宰相、百姓或年成，但都被景公拒绝，他宁可自己承受。子韦以为"天之处高而耳卑"，景公拒绝将灾祸转移给别人的做法必受天赏，可延寿二十一年。当天晚上，火星果然远离心宿三舍。王充从逻辑上分析这种情况不可能是真的，因为如果火星出现在心宿附近是因为宋景公有恶行而遭受天的惩罚，那么上天就不该仅凭景公三句好话就让他延寿。王充还以尧舜和桀纣为例，类推此事为虚妄。尧舜是世间公认的圣人，而桀纣是百姓公认的恶人，按照景公三句善言延寿二十一年来推算，那么尧舜应该长寿至千岁，而桀纣均应该夭折，但事实并非如此。所以，从逻辑上来看，景公延寿一事为子虚乌有。所谓当夜火星远离心宿，很可能是子韦熟知天文，预先知道火星的移动规律，拿来欺骗景公。

王充运用逻辑推理的方法，揭示典籍所载的因果报应之事为虚妄，并指出子韦之类人在类似事件中故弄玄虚，其见解在当时堪称卓识。

在当时，民间认为龙是神物，能升天。王充根据典籍关于龙生活在水中的记载，推断龙不过是鱼鳖之类；又根据典籍记载的豢龙氏、御龙氏以及食龙的记载，推断龙可能是像牛一样可以被豢养食用的动物。故王充提出："天地之性，人为贵，则龙贱矣。贵者不神，贱者反神乎？"（《论衡·龙虚篇》）他认为龙不过是一种生物，没有什么神奇之处。关于民间所传雷击杀人是因为人有过错，天怒而罚之的说法，王充指出这不过是"虚妄之言"。他通过观察，发现"雷之所击，多无过之人"（《论衡·雷虚篇》），所谓雷击杀人为天怒而罚之的观点也就不攻自破。王充还进一步指出，"雷者太阳之激气也"（《论衡·雷虚篇》），雷是阴阳之气相互摩擦碰撞的结果，这一观点已接近现代科学认识，破除了时人对龙和雷的迷信。

关于人死为鬼的迷信思想，在古代民间流传很广，并形成了许多和鬼有关的传说，有的甚至被载入典籍。王充指出："人，物也；物，亦物也。物死不为鬼，人死何故独能为鬼？"（《论衡·论死篇》）他断言："人之所以生者，精气也，死而精气灭，能为精气者，血脉也。人死血脉竭，竭而精气灭，灭而形体朽，朽而成灰土，何用为鬼？"（《论衡·论死篇》）他通过逻辑推断指出，如果人死为鬼，那么自天地开辟以来，死人无数，远超过活着的人，那鬼应该布满道路、田地，到处可见，不应该只偶尔见到一两个。如果死而为鬼，鬼有知，那些被人杀害的就应该去告官为自己报仇，并告诉家人自己尸体之所在，事实上很多被杀害的人连尸首都找不到。对于典籍所载人死后为鬼报仇之事，王充指出如果人死能为鬼并报仇，那么秦始皇坑儒，罪大恶极，被坑之儒生变为鬼后应该集体找秦始皇报仇，事实上并没有发生，以此推知关于人死为鬼并报仇的记载都不可信。王充还进一步指出，所谓鬼并不存在，是人在病中产生的幻觉："凡天地之间有鬼，非人死精神为之也，皆人思念存想之所致也。"（《论衡·订鬼篇》）人一旦生病，就容易产生忧惧心理，害怕鬼至，心里这么想眼前就容易出现幻觉，感觉有鬼，身体疼痛就认为是鬼击打所致。

民间禁忌自古就有，这些禁忌的形成有的是出于谨慎，防止意外发生，故而神道设教，假托鬼神，以便引起人们的重视。

王充对民间禁忌形成的原因洞若观火，对于禁忌所产生的不良影响也了若指掌，所以他在揭破禁忌之虚妄的同时，也往往对其产生的原因予以揭示，提示其曾经有过的积极意义。他从批判当时民间流行的四种禁忌入手。一是"西益宅不祥"，即向西边扩建住宅不吉利。王充指出，所谓"西益宅不祥"，"不祥者义理之禁，非吉凶之忌也"（《论衡·四讳篇》）。因为西边是尊长之位，只扩增尊长居处而不增加晚辈的居处，在道义上来说属于不义，于义不善，故谓之不祥。二是"被刑为徒，不上丘墓"，即遭受肉刑的人不能上墓祭祀先人，但无人能说清楚其缘由。王充通过深入考察，指出"被刑为徒，不上丘墓"同样是"义理之讳，非凶恶之忌"（《论衡·四讳篇》）。其一，古人以全身为孝道的重要内容，《孝经》云："身体发肤，受之父母，弗敢毁伤。"祖先把子孙完整无缺地生下来，子孙也应当完整无缺地回到祖先那儿去，遭受肉刑多是由于自己行为恶劣，不够谨慎所致，所以受刑者倍感惭愧、深深自责，故而不上先人丘墓。其二，坟墓是祭祀重地，依礼要斋戒沐浴，郑重其事，受刑者担心自己破坏这种庄严的氛围，担心先祖见自己形体不全而不忍心享受祭供之物，所以不上坟墓。三是认为妇人生孩子不吉利。将要举办吉事或者出门远行，渡河、入山的人都不与产妇接触。产妇的家里也忌讳厌恶产妇，让其住在墓侧或路旁的茅舍里，满月才能回家。针对这种恶习，王充指出人与六畜都是"含血气怀子"（《论衡·四讳篇》），因而生育并无不同。不忌讳六畜生育而单单忌讳人，毫无道理。王充还观察到关于生育禁忌，江南江北有所不同，江北地区忌讳狗生育不忌讳人生育，江南地区忌讳人生育不忌讳狗生育。考察其原因，只是出于卫生方面的讲究，想让人们经常自行清洁，不想让他们被脏东西所污染。四是认为正月和五月出生的孩子会对父母不利。王充以孟尝君为例，孟尝君即是五月出生，其父欲将其抛弃而其母不忍，孟尝君长大后取得了杰出的成就，而并未对父母不利。由此看来，"世俗所讳，虚妄之言也"（《论衡·四讳篇》）。

除了对民间流行的四种忌讳作剖析和批判外，王充还对民间关于太岁、日期和祸祟的禁忌作了批判和驳斥。这些禁忌的流行，闹得人心惶惶，甚至智者也被迷惑，"是以儒雅服从，工伎得胜。吉凶之书，伐经典之义；工伎之说，凌儒雅之论"（《论衡·难岁篇》）。那些博雅的学者也不得不屈从宣扬禁忌迷信的工伎家，吉凶禁忌之书和工伎之家的言论，压倒了儒家经典和博学之士宣讲的道理，导致社会风气大坏，"世人举事，不考于心而合于日，不参于义而致于时"（《论衡·讥日篇》）。王充驳斥这些禁忌的目的是"今略实论，令观览，总核是非，使世一悟"（《论衡·难岁篇》），他希望通过对这些禁忌做一番实事求是的考察，令世人读后能明辨是非，从禁忌的迷信中醒悟过来。

太岁禁忌是民间流传已久的禁忌之一，至今一些地方仍然非常忌讳"犯太岁"，认为会招致灾难。当时有一本关于禁忌的书《移徙法》，其中记载："徙抵太岁，凶；负太岁，亦凶。"面对太岁名叫"岁下"，背对太岁名叫"岁破"，都不吉利。假如太岁在子位，天下的人都不得往南北方向搬迁，盖房嫁女娶妇也都要避开这个方位。人们只能向东向西或向四角方位搬迁，只有这样，才算没有触犯太岁，才能被视为吉利之举。王充指出，积时分为日，积日为月，月与月相连为一季，合四季就成为年。岁不过是天、月积累起来的名称而已。岁如果有太岁神，那么日、月、季同样也应该有神。一千五百三十九年称为一统，四千六百一十七年称为一元，统、元同样也应该有神。但实际上，并不存在日、月、季、统、元之神，所以同样作为计时单位的太岁之神也是不存在的。假如有神，为什么其他神不害人单单太岁害人呢？所谓太岁之气，就是天地的气，既不能憎恶人，触犯了它也不能造成祸害。所谓太岁害人之说，真相是人们生活中不可能不搬迁，搬迁就不可能不触犯太岁，而碰巧触犯太岁的人可能在某个时候突然死了，工伎之人就归祸于过去搬迁时触犯了太岁。世人本着"宁可信其有，不可信其无"的避祸心理，使得有关太岁的禁忌世代相传。王充从根本上否定了太岁之神的存在，如釜底抽薪一般，彻底打破了民间对于太岁的信仰。

和太岁禁忌相似的是时日禁忌，当时流行的关于时日禁忌的书非常多，王充以《葬历》《沐书》和有关祭祀、裁衣、建房、学习书法等书为例，证其虚妄，"明其是非，使信天时之人，将一疑而倍之"（《论衡·讥日篇》），使迷信天时禁忌的人觉悟并抛弃它。

依据《葬历》的说法，下葬要避开日子的刚柔和月份的奇偶。日子吉利、刚柔得当、单双月合适才是下葬的吉利日子，不符合这种条件的就会转变为凶日。王充指出，装殓和下葬没有什么不同，下葬破土和挖沟耕园同样都是挖开土地，既然装殓、挖沟耕园无禁忌，那么下葬也不应该有什么禁忌。他亮明自己的态度："世人能异其事，吾将听其禁；不能异其事，吾不从其讳。"（《论衡·讥日篇》）除非有人能说出下葬和装殓、挖沟耕园的区别，否则自己是不会相信这些忌讳的。王充还通过考察《春秋》一书，指出春秋时期天子、诸侯、卿、大夫死数以千百计，他们下葬的日子不一定都符合《葬历》上的规定，从而证实《葬历》之不可信。类似的还有祭祀，据祭祀之历的内容，祭祀亦需择日，如在血忌、月杀的日子祭祀则主凶，会有灾祸。王充指出，就实际情况而言，"百祀无鬼，死人无知。百祀报功，示不忘德。死如事生，示不背亡"（《论衡·讥日篇》）。人们祭祀的各种鬼神都是不存在的，祭祀只不过是为了报功，表示不忘恩德，如祭祀先人是表示对先人的怀念。因此，祭之无福，不祭无祸，更谈不上祭祀因时日不对会有什么灾祸。至于和洗头、裁衣、建房有关的日期忌讳，王充用类比的方法，指出均是无稽之谈。如果真有什么灾祸，那就不单单是洗头、裁衣、建房，而应该是进行类似的活动都会有灾祸。既然进行类似的活动无禁忌，就说明此类禁忌毫无道理，不足为信。同时，王充指出丙日不学书法，子日、卯日不奏乐，是因为相传仓颉、殷纣、夏桀三人分别死于这三个日子，不学书法、不奏乐是对他们的纪念，与吉凶无关。

另一种忌讳是祸祟，这是一种泛禁忌，王充在《辨祟篇》

中说："世俗信祸祟，以为人之疾病死亡，及更患被罪，戮辱欢笑，皆有所犯。起功、移徙、祭祀、丧葬、行作、入官、嫁娶，不择吉日，不避岁月，触鬼逢神，忌时相害。故发病生祸，绊法入罪，至于死亡，殚家灭门，皆不重慎，犯触忌讳之所致也。"民间认为人的疾病死亡，以及经历苦难被定罪受刑，以至被杀戮侮辱，都是由于对鬼神有所触犯。如果破土建房、迁徙、祭祀、丧葬、出门办事、上任做官、嫁娶，不选择吉日良辰，就会触犯鬼神，被鬼神伤害，这就是祸祟禁忌。民间相信之所以会发生病祸，犯法被判刑，直至死亡，诛夷全家，都是因为没有谨慎地选择吉日、触犯忌讳所致。王充指出，人在世间就不能不做事，结果就会有吉凶之分，遇到吉利，就会认为是由于事前选择吉日而得了福；遇到凶事，就归罪于事前触犯了禁忌。实际上择吉日而得祸、犯禁忌而获福的情况同样很多，只是靠这行谋生的工伎对这类事情，专门宣传犯禁忌而遭祸、择吉日而获福的事例。出于以防万一的心理，为官的人珍惜官位，老百姓爱惜身体，就宁可信其有，不可信其无。于是靠这行谋生的工伎大行其道，伪造禁忌之类的书籍文章流毒社会，祸祟禁忌也就在社会上蔓延开来。

王充对各种禁忌起源的考察，相当有洞察力，从根本上解释了禁忌产生的原因，对于消除禁忌迷信无疑有很大的影响力。

卜筮活动在中国由来已久，三代时期许多重大政治活动都参照卜筮结果。直到汉代，其还会对政治决策产生一定的影响。比如汉武帝派李广利攻打匈奴，行军路线和作战地点的决定都参考了卜筮的结果。王充对传统"卜者问天，筮者问地，蓍神龟灵，兆数报应，故舍人议而就卜筮，违可否而信吉凶"的观念，予以激烈的批判，斥为俗儒之言。他指出卜筮不能反映天意，天道自然，天无形体，所以不能回应人的问题；地虽有形体，但听不到人说话，也无法回应，所以卜筮结果不能代表天地之意。他又举例说，只要进行卜筮，无论是戏弄天地还是辱骂天地，都会得到结果，如果天地真有神，就不会予以回应，可见卜筮结果和天地无关。王充认为，卜筮结果的解读还是靠人的思虑，因此卜筮的最终结果说到底都是人思虑的结果。好人的卜筮结果都应该是吉，恶人的卜筮结果都应该是凶。说到底，王充反对的是靠卜筮来决策，主张做决定依然要依靠人的理智。

王充对迷信思潮的批判和廓清，其目的在于树立淳厚的社会新风，比如他自己就明确说过，之所以论证鬼之为虚无，就在于纠正社会的厚葬之风，避免浪费社会财富，导致百姓穷困。他论证各种禁忌为虚妄，也是有感于"世人举事，不考于心而合于日，不参于义而致于时"（《论衡·讥日篇》），"吉凶之书，伐经典之义；工伎之说，凌儒雅之论"（《论衡·难岁篇》），故而"今略实论，令观览，总核是非，使世一悟"（《论衡·难岁篇》）。

四、订圣贤之失

订圣贤之失是王充"疾虚妄"的又一重要内容，王充肯定圣贤的地位和历史作用，比如他称赞孔子是道德之祖，是诸子中最杰出者，但并不迷信圣贤，对孔子、孟子、韩非子等理论界权威学说中的谬误及不可信之处，敢于质疑和批判。王充认为："夫贤圣下笔造文，用意详审，尚未可谓尽得实，况仓卒吐言，安能皆是？"_{《论衡·问孔篇》}他仔细考察圣贤著作发现，"案贤圣之言，上下多相违；其文，前后多相伐者"_{《论衡·问孔篇》}。因此，王充提出对理论权威不能盲从盲信，主张"事有证验，以效实然"_{《论衡·知实篇》}，任何事必须经过检验，见得实效，才可以相信。否则，"违实不引效验，则虽甘义繁说，众不见信"_{《论衡·知实篇》}。

　　汉武帝"表章六经"之后，孔子已成汉帝国国家意识形态中的圣人，但王充提出"诚有传圣业之知，伐孔子之说，何逆于理"①，坚持真理第一位。比如，孔子对宰我昼寝的批评："朽木不可雕也，粪土之墙不可圬也，于予与何诛。"王充就认为过于严厉，是小题大做。孔子曾经说过一句话，对后来的天人相与之际理论影响很大："凤鸟不至，河不出图，吾已矣夫。"儒者的解释是孔子自伤无帝王之位，如果孔子在帝王之位，就能使天下太平；天下太平，凤凰就会飞来，河图就会再现。王充认为孔子自伤毫无道理，太平盛世与凤鸟至、河出图并无必然联系。他以五帝、三王为例，指出五帝、三王都曾致天下于太平，但并不见凤鸟至、河出图。对于孔子去食存信的政治理念，王充也不以为然，他以管子"仓廪实，知礼节；衣

---

① 王充：《论衡校释·问孔篇》，中华书局1990年版，第397页。

食足，知荣辱”的理论批评孔子的观点，指出“使治国无食，民饿，弃礼义”“礼义弃，信安所立”_{《论衡·问孔篇》}，“夫去信存食，虽不欲信，信自生矣；去食存信，虽欲为信，信不立矣”_{《论衡·问孔篇》}。如此等等，不一而足。

王充对孔子问难，不一定都有道理，但他敢于质疑权威的风骨和独立思考的精神值得称道。

王充对孟子的言行也多有非议，认为孟子“仁义而已，何必曰利”是不辨财货之利与安吉之利，便鲁莽地把利与仁义对立起来。《易》之“元亨利贞”、《书》之“黎民亦尚有利哉”_{《论衡·刺孟篇》}所言皆安吉之利，与仁义不仅无冲突，相反，行仁义得安吉之利，二者是统一的。

王充还批评韩非子的纯功利主义思想：“韩子之术，明法尚功。贤无益于国不加赏；不肖无害于治不施罚。责功重赏，任刑用诛。”_{《论衡·非韩篇》}韩非子的思想看起来似乎正确，然而经不起推敲。按照韩非子的纯功利主义思想，儒者从事生产劳动，又不能上阵打仗，就属于无益于国的蠹虫。王充指出：“儒生，道官之吏也，以为无益而废之，是弃道也。夫道无成效于人，成效者须道而成。”_{《论衡·非韩篇》}儒生是道义风化的维持者，“儒者之在世，礼义之旧防也，有之无益，无之有损”_{《论衡·非韩篇》}，他们在维持社会正常运行的过程中发挥着无形的作用。王充认为，韩非子的错误在于只看到耕战的有形之益，看不见礼仪风化的无形之益，没有认识到“故事或无益，而益者须之；无效，而效者待之。儒生，耕战所须待也”_{《论衡·非韩篇》}。

除了孔子、孟子和韩非子外，王充还对墨子、公孙龙、邹衍、董仲舒、司马迁等人的谬误也一一指出。他批评墨子既主张明鬼，又主张薄葬："墨家薄葬、右鬼，道乖相反违其实，宜以难从也。乖违如何？使鬼非死人之精也，右之未可知。今墨家谓鬼审死人之精也，厚其精而薄其尸，此于其神厚而于其体薄也。薄厚不相胜，华实不相副，则怒而降祸，虽有其鬼，终以死恨。人情欲厚恶薄，神心犹然。用墨子之法，事鬼求福，福罕至而祸常来也。"（《论衡·案书篇》）墨家主张薄葬而又信奉鬼神，互相矛盾。假如鬼不是死人的精神变的，即使尊崇它，它也不会知道。而墨家认为鬼确实是死人的精神变的，厚待死人的精神而薄待死人的尸体，薄厚不相称，表里不一致，那么鬼就会生气而降下灾祸，所以按照墨家的学说，即使尊崇鬼，鬼最终也会因为薄待了自己的尸体而怀恨在心，导致尊奉鬼而求福得祸。王充还指出墨家学说中很多类似的矛盾，说这是导致墨家学说衰落的原因。对于公孙龙，王充批评他"著坚白之论，析言剖辞，务折曲之言，无道理之较，无益于治"（《论衡·案书篇》），同时批评邹衍"其文少验，多惊耳之言"，"率多侈纵，无实是之验；华虚夸诞，无审察之实"（《论衡·案书篇》），质疑董仲舒"言零祭可以应天，土龙可以致雨，颇难晓也"（《论衡·案书篇》）。王充指出司马迁在《史记》中关于五帝、三王记载的前后龃龉之处："《三代世表》言五帝、三王皆黄帝子孙，自黄帝转相生，不更禀气于天。作《殷本纪》，言契母简狄浴于川，遇玄鸟坠卵，吞之，遂生契焉。及《周本纪》言后稷之母姜嫄野出，见大人迹，履之，则妊身，生后稷焉。夫观《世表》，则契与后稷，黄帝之子孙也；读《殷》《周本纪》，则玄鸟、大人之精气也。二者不可两传，而太史公兼纪不别。"（《论衡·案书篇》）司马迁在《三代世表》称五帝、三王都是黄帝的子孙，从黄帝开始一代代世系清楚明白，并非感天而生。但在《殷本纪》中说契的母亲在河中沐浴时吞下燕卵，感天而生契；在《周本纪》中说后稷的母亲姜嫄在野外踩了巨人的脚印，感天而孕，生下后稷。两种说法必有一误，司马迁却一并记载不加以区别，对此王充提出了质疑。

王充之著述，源于"闵世忧俗"心切，带有很强的经世致用的理想，关心政治，是王充一以贯之的学术思想。他专门著有《政务》一书，"言治民之道"（《论衡·对作篇》），"为郡国守相、县邑令长陈通政事所当尚务"（《论衡·对作篇》）。可惜，这本全面反映王充政治思想的书已佚，目前，我们只能根据散见于《论衡》中王充对政治的论述来对其政治思想做一个简单的概括。

简而言之，王充政治思想的特点可以概括为德力具足。所谓德，就是源于儒家的德政思想；所谓力，就是吸取法家思想的精华，重视实力建设，特别是关于军事力量的建设。

王充认为，治国应该道德教化和实力建设并重，德力具足才是安国全军之道，他在《非韩篇》中指出：

治国之道，所养有二：一曰养德，二曰养力。养德者，养名高之人，以示能敬贤；养力者，养气力之士，以明能用兵。此所谓文武张设，德力具足者也，事或可以德怀，或可以力摧。外以德自立，内以力自备。慕德者不战而服，犯德者畏兵而却。

王充指出，治国之道一是养德，二是养力。所谓养德，就是供养尊奉德高望重之士，示天下以尊贤下士之风。养德可使慕德怀化者不战而服，达到不战而屈人之兵的效果。所谓养力，就是蓄养勇武有力之战士，加强军事建设，以武力为立国之基。如此，德力具足，文武张设，国家才能长治久安，立于不败之地。

从王充所举的例子来看，德显然并非养德或养名高之人那样简单。王充在《非韩篇》中以徐偃王为例，说明"德不可独任以治国"的道理：

> 徐偃王修行仁义，陆地朝者三十二国，强楚闻之，举兵而灭之。此有德守，无力备者也。夫德不可独任以治国，力不可直任以御敌也。韩子之术不养德，偃王之操不任力。二者偏驳，各有不足。偃王有无力之祸，知韩子必有无德之患。

在这里，德是指修行仁义，也就是以德治国，这是儒家政治思想的精华，反映了王充对儒家德治思想的继承和发展。

此外，王充曾在太学系统深入地学习过经学，其学术旨趣以通经致用为主，他认可"经学至道"，"儒生善政，大义皆出其中"，居官理政，无仁义之学，无道艺之业，是为尸位素餐。因此，德治和实力建设是王充政治思想的两大立足点。

一、德治思想

王充十分看重儒家所提倡的德治在国家治理中的作用，前已言之，王充赞成五经作为汉帝国的最高指导思想，承认以五经为基础的儒家价值体系在治国理政中的主导地位，"五经以道为务，事不如道，道行事立，无道不成"（《论衡·程材篇》）。当然，王充是一位具有独立思考精神的学者，对于儒学的德治思想，他并不亦步亦趋、墨守成说，而是加以熔铸取舍，形成自己独具特色的德治思想。

王充的德治思想首先体现在他对教化的重视上。在人性论方面，王充坚持人性有善有恶，而善恶来自在母体坐胎时的初禀。但王充同样看重教化的作用，他指出：

> 论人之性，定有善有恶。其善者，固自善矣；其恶者，故可教告率勉，使之为善。凡人君父审观臣子之性，善则养育劝率，无令近恶；近恶则辅保禁防，令渐于善。善渐于恶，恶化于善，成为性行。（《论衡·率性篇》）

王充认为人的德性虽然天生有善有恶。善的当然很好，但恶的也能经过教育告诫、引导勉励，使他们成为善的。做君主的都应该仔细观察臣子的德性，善的就继续培养勉励，不让他接近恶的；恶的就辅导保护并加以制止防范，让他接受善的熏陶，向善的方向逐渐转化，最终使自己的品行就跟天生善良的一样。

王充用大量的例证来论述自己的教化思想。他以召公告诫成王为例，在成王开始亲政时，召公告诫成王，执政就如同刚独立生活的"生子"，要在一开始的时候就打好基础，防微杜渐，渐善远恶。王充引用《诗经》"彼姝者子，何以予之"的传文，说明教化的重要意义："传言：譬犹练丝，染之蓝则青，染之丹则赤。"（《论衡·率性篇》）王充还以杨朱见歧道而哭、墨子见染丝而悲为例，说明教化和环境是促成人性成长的主要因素，又以蓬、纱为喻："蓬生麻间，不扶自直；白纱入缁，不练自黑。彼蓬之性不直，纱之质不黑，麻扶缁染，使之直黑。夫人之性犹蓬纱也，在所渐染而善恶变矣。"（《论衡·率性篇》）蓬本来不是直的，但是生长在麻丛间就会自动变直，白纱放进黑色的染缸就会自动变黑。因此，人性之善恶，很大程度上取决于教化。王充关于人性和教化的认识，和荀子的思想有较为明显的继承关系。荀子虽然认为人性本恶，但在他看来，人性同样也是可以教化的，故而他提出"化性起伪"的观点，强调通过教化让人性转化为善。王充对教化与人性的认识，近乎与荀子一致，他以蓬、纱为喻，更是直接来自荀子的《劝学》，荀子在《劝学》中强调教化对人性的改变时，用了"蓬生麻间，不扶自直；白沙在涅，与之俱黑"的比喻，显然是王充"蓬生麻间，不扶自直；白纱入缁，不练自黑"说的源头。

王充十分看重统治者对百姓的教化作用，他在论述州郡长官的作用时就曾说过，理想的地方长官应该"志在修德，务在立化"（《论衡·程材篇》）。王充以"尧、舜之民可比屋而封，桀、纣之民可比屋而诛"（《论衡·率性篇》）为例，说明统治者以德教化百姓的重要性。尧、舜以德教化天下，使老百姓都德行淳厚；桀、纣罪恶昭彰，致使老百姓也都跟着学坏。所以，以德来教化百姓是一个社会风气变好的根本保障。"斯民也，三代所以直道而行也。"（《论衡·率性篇》）三代的百姓之所以能秉持正道，不为非作歹，就在于三代的君主能够以德来教化百姓。"闻伯夷之风者，贪夫廉而懦夫有立志；闻柳下惠之风者，薄夫敦而鄙夫宽。"（《论衡·率性篇》）受到伯夷和柳下惠德性的熏陶，贪婪的人会变得廉洁，怯懦的人会变得有志向，刻薄的人会变得厚道，狭隘的人会变得宽容。如果统治者耐心地"教导以学，渐渍以德"，老百姓"将日有仁义之操"（《论衡·率性篇》）。

王充认为，所有的人都可以通过教化变好，"凡含血气者，教之所以异化也"（《论衡·率性篇》）。他以三苗之民为例，三苗之民或贤或不肖，尧、舜都能够通过恩德教化让他们变成良民。他又以楚人、越人为例，楚人、越人本性急促，但长期生活在庄、岳之间，性情就会变得舒缓，这也是风俗熏陶的结果。

王充还指出教化最重要的途径有两条：学校教育与司法惩处，所以"王法不废学校之官，不除狱理之吏，欲令凡众见礼义之教"（《论衡·率性篇》）。学校的作用是"勉其前"，在人做事之前，将其往德性美好的方向上引导；司法惩处的作用是"防其后"，对已经走上违法犯罪道路的人严惩以儆后。通过这两条途径，王充认为即使顽劣如丹朱也可以被教化好。所以，王充认为百姓德性的好坏"亦在于教，不独在性也"（《论衡·率性篇》），强调教化对民风的养成作用。

王充虽然认可司法惩处对教化的作用，但并不认为这是优先选项，在他看来，应当优先以德化民。所以王充激烈批评太公诛狂矞、华士的行为，狂矞、华士是齐国的两位高士，不肯屈从别人的意志，也不在不符合自己心意的君主那里做官。太公封齐，认为狂矞、华士的行为使齐国士气瓦解、人心涣散，开了不为君主效劳的先例，就同时把他俩都杀了。为说明尊礼贤士的作用强过刑杀，王充以王良御马为喻。宋国有个车夫，马不走，他就拔剑杀掉马并把它丢到沟里。结果他再驾一匹马，马又不走，他又杀掉马丢到沟里，就这样一连杀了三匹马。王良则不同，他驾车时，没有一匹马疲沓不走，因为他依靠的是驯马而不是杀马。王良能调教不同种类的马，太公却不能治理好本性相同的人，由此可见，以德化民比以刑齐民要好得多。

王充有关教化的思想，与儒家德治思想有很大程度上的相似之处，可以说基本上继承了儒家关于教化的精义。孔子提倡以德治国化民，特别强调统治者的榜样作用。据《论语·颜渊》记载：

> 季康子问政于孔子曰："如杀无道，以就有道，何如？"孔子对曰："子为政，焉用杀？子欲善而民善矣。君

子之德风，小人之德草，草上之风，必偃。"

季康子向孔子请教治理国家的问题，提出杀掉无道的百姓来成全有道的百姓的方案，被孔子严厉地批评，孔子告诉他如果你能做表率行善，那么老百姓就会行善，在位者的德性与老百姓的德性就像风与草的关系，风吹到草上，草必定会跟着倒。在孔子和季康子之间，类似的讨论还有很多，如：

> 季康子问政于孔子。孔子对曰："政者，正也。子帅以正，孰敢不正？"
> 季康子患盗，问于孔子。孔子对曰："苟子之不欲，虽赏之不窃。"

从孔子一以贯之的政治思想来看，他主张以德教化人民，认为只要统治者为政以德，老百姓就会像众星拱月那样拥护他们，并且望风顺化，成为良民。虽然孔子反对季康子用杀戮的手段来治理国家，但儒家并不反对刑罚的惩处，相反，"德刑相参"一直是儒家所主张的政治理念。《孔子家语·刑政》曰："圣人之治化也，必刑政相参焉。太上以德教民，而以礼齐之；其次以政焉导民，以刑禁之，刑不刑也。化之弗变，导之弗从，伤义以败俗，于是乎用刑矣。"这段话可以说是对儒家德刑并用思想最好的注释。

"德刑相辅"这一理念的产生，最早可以追溯到尧舜时期。

舜继尧为天子后，为了解决"百姓不亲，五品不逊"和"寇贼奸宄"等社会问题，乃任命契为司徒，让他"敬敷五典"；任命皋陶为士，"明于五刑，以弼五教"，惩处"蛮夷猾夏，寇贼奸宄"，最终达到"期于予治，刑期于无刑，民协于中"的理想社会境界。孔子虽然主张德治为主，但他并没有小看"刑"的力量，而是认为"刑"是"德"之必要补充，"德刑相辅"才能真正治理好社会。《左传·昭公二十年》载：

> 仲尼曰："善哉！政宽则民慢，慢则纠之以猛。猛则民残，残则施之以宽。宽以济猛，猛以济宽，政是以和。"

这里的宽，即指德治，猛就是用刑。孔子对德治刑治各自的弊端做了深刻分析，并指出，单纯依靠德治，则政失之宽松，老百姓就会懈怠；单纯依靠刑治，则政失之苛猛，老百姓就会深受其害。只有宽猛相济，才能政通人和。

孔子之后，孟子对于"德"和"刑"在社会治理中的作用也有类似的见解，他指出，"徒善不足以为政，徒法不能以自行"，也是"以法治国和以德治国相结合"理论的源头之一。"德刑相辅"理念到了荀子那里有了长足的发展。《荀子·成相》云："治之经，礼与刑，君子以修百姓宁。明德慎罚，国家既治四海平。"荀子认为，要想平治天下，必须同时做到"明德慎罚"。

王充关于教化的思想，与儒家有着一贯的继承性，也可以说是儒家教化思想在王充那个时代的体现。

此外，王充的德治思想还体现在他对尊养贤士的看重上，在他看来，"养德"是治国的两条要道之一，可以使"慕德者不战而服"（《论衡·非韩篇》）。他举例说魏文侯尊养段干木，秦军听说后，就放弃进攻魏国；汉高祖想废掉太子刘盈，吕后采取张良的建议，卑辞厚礼迎来商山四皓陪侍太子，高祖见之，遂不敢再动废太子的念头。这都是养德的功效，这里的养德，就是指尊养贤士。

其实，王充也很看重"德"在治国中的重要作用，他曾提出"治国之道当任德"的理念。王充以治身之道来说明治国之道，他指出一个人修身如果缺乏施惠于人的美德，只有喜欢伤害别人的操行，那么结交的朋友就会与他疏远乃至断绝关系，招致耻辱。修身如此，治国亦然，所以"推治身以况治国，治国之道当任德也"（《论衡·非韩篇》）。王充还把德比作四季中的春天，他说"夫世不乏于德，犹岁不绝于春也"，"治人不能舍恩，治国不能废德，治物不能去春"（《论衡·非韩篇》）。世间不能缺少德治，就像四季不能缺少春天一样，管理不能抛弃恩惠，治国不能废掉德政，种植作物不能离开春天，都是一样的道理。王充还以周穆王治国前乱后治为效验，来说明"治国之道当任德"。周穆王先以刑政治国，结果天下大乱，后接受甫侯的劝谏，以德治国，不仅享国长久，还泽被后世。

正因为如此，王充对韩非子的纯功利思想和单纯依靠刑罚治国的思想做了严厉的批判。王充指出韩非子在治国理政思想方面的根本性缺陷，在于忽视道德教化在社会治理中的无形作用，企图单纯依靠刑罚治理国家，这必然行不通。王充首先批评的是韩非子忽视儒者维系社会风化的作用。韩非子把儒生比作中看不中用的鹿，把有用之吏比作马，指责儒生不耕而食、不劳而获。王充指出韩非子这种看法失之偏颇，"夫儒生，礼义也；耕战，饮食也。贵耕战而贱儒生，是弃礼义求饮食也"（《论衡·非韩篇》）。儒生讲的是礼义，耕战讲的是饮食，礼义看起来对人的身体无益，却为人生所必不可少，人不可能只顾饮食不讲礼义。王充甚至认为，"使礼义废，纲纪败"就会导致"上下乱而阴阳缪，水旱失时，五谷不登，万民饥死，农不得耕，士不得战"的严重后果。（《论衡·非韩篇》）礼义废弛，纲纪败坏，不仅会使上下失和，还会引起阴阳错乱、水旱失时、五谷不登、百姓饿死，农夫无法耕种，将士也无法为国作战。故王充提出："以旧防为无益而去之，必有水灾；以旧礼为无补而去之，必有乱患。"（《论衡·非韩篇》）防即水堤，旧的水堤看起来没有用，但如果毁弃，早晚会发生水灾；礼义就像堤防那样，看起来无用，一旦毁弃，必生祸乱。儒生之于礼义，就像堤防那样，看起来好似无用，一旦放弃，就会发生灾难。王充以儒生为"道官之吏"，认为儒生主管的是道，而废弃儒生就是抛弃道，"道无成效于人，成效者须道而成"，"事或无益，而益者须之；无效，而效者待之。儒生，耕战所须待也"（《论衡·非韩篇》）。因此，必须辩证地看待儒生，虽然儒生看起来对耕战无益，但他们在维持社会风化方面起着重要的作用。"国之所以存者，礼义也。民无礼义，倾国危主"

（《论衡·非韩篇》），儒者尊崇礼义，能够让不重礼义的人重视礼义，让人民变得善良，这是国家能够安全存在的前提，所以耕战必然离不开儒生。

同时，王充还批评韩非子在国家治理中单纯依靠刑罚的思想，指责韩非子"任刑独以治世"（《论衡·非韩篇》）。王充认为，韩非子单靠刑罚来治理国家，就像一个人只具备伤害别人的操行而不可能处理好与别人的关系一样，也不可能治理好国家。他仔细考察韩非子专任刑罚的原因，在于韩非子所处之世为衰世，民心奢靡轻薄，所以他一心想着用刑罚来惩处不良之民。但王充认为即使是衰世乱世也不能专任刑罚，德治之于衰世乱世，就像春天之于时序错乱的年份那样不可或缺。

在这方面，王充十分推崇董仲舒的《春秋决狱》，董仲舒"作《春秋决狱》二百三十二事"[1]，开启了以儒学大义指导司法审判的先河。王充在《程材篇》中称赞董仲舒说，"董仲舒表《春秋》之义，稽合于律，无乖异者"，又在《案书篇》中说，"仲舒之言道德政治，可嘉美也"。这说明王充十分赞赏董仲舒引儒学之义以指导司法的原则，认同把法律纳入儒学的价值体系中。

二、实力建设思想

王充在太学精研儒学，故其思想以儒学为根底。但王充也

---

[1] 范晔撰、李贤等注：《后汉书·应劭列传》，中华书局1965年版，第1612页。

深知儒学之弊，故不专一家，"好博览而不守章句"，"遂博通众流百家之言"①。他在《书解篇》中高度赞扬诸子的价值："知屋漏者在宇下，知政失者在草野，知经误者在诸子。诸子尺书，文明实是。"因此，王充对于诸子百家的思想皆有所吸取，特别是关于法家富国强兵、重视实力建设的思想，尤为王充所激赏，并在《案书篇》中予以充分肯定："商鞅相秦，作耕战之术；管仲相齐，造轻重之篇。富民丰国，强主弱敌，公赏罚。"商鞅"作耕战之术"，即《商君书》中关于奖励耕战的思想，也是商鞅变法的重要内容。管仲"造轻重之篇"，即《管子·轻重》的核心内容，"故万民无籍，而国利归于君"。具体来说，"五谷粟米者，民之司命也；黄金刀布者，民之通货也。先王善制其通货，以御其司命，故民力可尽也"，国家运用货币这一流通手段来控制粮食贸易，贱买贵出，聚敛社会财富，同时保持物价的平稳。王充认为商鞅的耕战之术和管子的轻重之法，都大大增强了国家的实力，使国富民强，而敌人的实力就相对遭到削弱。

关于德和力的关系，王充强调德治在国家治理中的重要地位，但并不认为仅靠德治就能治理好国家。相反，他对徐偃王纯任德治不修武备的做法予以激烈的批评。王充指出，"德不可独任以治国"，唯有"文武张设，德力具足"，"外以德自立，内以力自备"（《论衡·非韩篇》），才是长治久安的保证。因此，王充把

---

① 范晔撰、李贤等注：《后汉书·王充列传》，中华书局1965年版，第1629页。

"养力"作为治国的重要途径之一。养力既是养战士、养军队，也是养实力。王充认为养战士、能用兵是国家的基础，有些外敌慕德怀化，可以以德招徕，但并非所有外敌都如此。对于那些德治不能招徕的外敌，则要以武力征服。王充以徐偃王为例，徐偃王虽然修行仁义，赢得三十二个诸侯国的拥戴，但是他"有德守，无力备"，最终面对楚国的军事进攻无力抵抗而亡国，这是"德不可独任以治国"的最好效验。相反，如果徐偃王在修行仁义的同时也注重加强军备建设，便可以让"慕德者不战而服，犯德者畏兵而却"，不会导致亡国的境地。实际上，王充对徐偃王的批判也受到韩非子的影响。最早对徐偃王行仁义而亡国做批判的就是韩非子，《韩非子·五蠹》篇中云：

　　　徐偃王处汉东，地方五百里，行仁义，割地而朝者三十有六国。荆文王恐其害己也，举兵伐徐，遂灭之。……齐将攻鲁，鲁使子贡说之。齐人曰："子言非不辩也，吾所欲者土地也，非斯言所谓也。"遂举兵伐鲁，去门十里以为界。故偃王仁义而徐亡，子贡辩智而鲁削。以是言之，夫仁义辩智，非所以持国也。去偃王之仁，息子贡之智，循徐、鲁之力，使敌万乘，则齐、荆之欲不得行于二国矣。

　　韩非子以徐偃王和鲁国为例，说明实力建设对国家生死存亡的重要意义。他指出，徐偃王行仁义，子贡善于辩说，但是徐国被楚国所灭，鲁国遭齐国侵略，其根本失误就在于忽略了实力建设。如果徐和鲁国能够壮大自己的实力，足以抗衡万乘之国，楚国和齐国就不能把他们怎么样了。比较韩非子的思想和王充的思想，我们可以明显地看出王充的思想里有韩非子的影子。

王充重视国家实力建设，还体现在他对太平盛世的界定方面。他指出，"太平以治定为效，百姓以安乐为符"（《论衡·宣汉篇》），一个国家是否达到太平盛世，不应以虚头巴脑的符瑞为判定标准，真正的标准应该是国家安定、百姓安乐。老百姓安居乐业，就是太平盛世的最好证明。而国家安定、百姓安乐，必须要有实力做保障，特别是军事力量。王充认定汉代是比五帝、三王时代更强大的太平盛世，一个主要标准就是汉凭借强大的武力对周边不慕德怀化的少数民族的征服。王充把汉代和前代做了个比较：黄帝有涿鹿之战，尧有丹水之战，舜时有苗不服，夏启有扈叛逆，高宗伐鬼方三年才取胜；周成王时管、蔡悖乱，周公不得不东征。他们都是儒者所称道的古圣先王，德治之典范。但之所以有那么多叛乱与不驯服，根本原因在于军事实力不济，而不是德之不修，敌人敢于侵犯他们的唯一原因就在于他们的军事实力不够强大，对敌方没有压倒性优势。王充认为，汉代更加重视实力建设，其军事实力也超越前代，除了高祖时因为汉朝统治刚刚安定下来尚未巩固，发生了陈豨、彭越反叛，以及汉景帝时因为怨恨晁错爆发七国之乱之外，没多少战乱。过去匈奴经常侵扰边疆，不奉行中原历法，这是自古以来的

"无荒之地，王功不加兵"，但"今皆内附，贡献牛马。此则汉之威盛，莫敢犯也"（《论衡·恢国篇》）。周代有越常进贡白野鸡，汉代有匈奴、鄯善、哀牢贡献牛马；周朝所辖区域不超过五千里，汉朝开拓疆域，对最边远的荒服之外的地区依然能够控制；古代西北的戎狄，现在变成了中原的诸侯国；古代处在化外不穿衣服的裸民、不戴冠不着履的蛮荒之民，都被汉朝教化。汉王朝能够"以盘石为沃田，以桀暴为良民，夷坎坷为平均，化不宾为齐民"（《论衡·宣汉篇》），在对周边的征服上超过前代，这些都是以雄厚国力做后盾、靠武力征服实现的。

王充还以周朝为例，周实力强大时，武王伐纣，庸、蜀这些部族就协助周作战。及至幽王、厉王时，周朝国势衰弱，犬戎就入侵周朝，逼迫周平王东迁洛邑，以躲避犬戎侵扰。汉代武力强大，西部荒远的羌族首领良愿等"愿内属汉，遂得西王母石室，因为西海郡"（《论衡·恢国篇》），"哀牢、鄯善、婼羌降附归德"（《论衡·恢国篇》）。

王充提出："是故王道立事以实，不必具验。圣主治世，期于平安，不须符瑞。"（《论衡·宣汉篇》）这种以事实为基础的太平盛世观，实际上就是建立在强大的实力之上。唯有自身实力强大，能够打败一切敢于侵犯之敌，才能确保国泰民安。

王充"德力具足"的政治思想，反映了他对治国之道的深刻认识。一方面，他继承了儒家传统的德治思想，看重教化对社会治理必不可少的隐性作用，强调"事或无益，而益者须之；无效，而效者待之"，严厉地批判法家独任刑罚、排斥德教的政治思想。另一方面，他能从历史教训中看出德治的不足，旗帜鲜明地提出"德不可独任以治国"，指出外敌"或可以德怀，或可以力摧"，唯有"文武张设，德力具足"才是长治久安的保证。

第四章 | 王充思想的历史影响与当代价值

王充是一位伟大的学者，他的很多思想超出了当时学术界的认知水平，所以生前并未得到广泛的认可。甚至在他逝世近百年间，《论衡》都未能进入主流学术界的视野。直到汉末的蔡邕和王朗将《论衡》介绍给主流学术界，王充才引起中原学术界的重视，其实事疾妄的思想在当时产生了巨大的冲击，《论衡》也被视为"异书"。

　　王充的思想也并不为后世学者所完全接受，学术界对王充的评价趋于两极。一部分人对王充坚持实事求是、敢于质疑、勇于破妄的精神大加赞赏，并吸收了王充学说中合理的成分；另一部分人对王充问难孔孟的行为提出质疑，并加以批评和指责。但无论如何，可以看出王充对后世产生了深远的影响。

尽管王充的思想为古代主流学术界接受较晚，但他的学说一旦传播开来，其鲜明的独创性和战斗性就对后世有识之士产生了深刻的影响，特别是其破除迷信思潮的学说。

一、王充学说的历史影响

随着佛教传入中国和道教的兴起，汉末以来，因果报应和生死轮回之说大行其道，有识之士接续王充破除迷信的思想，续写新篇，代表人物有东晋戴逵以及南朝范缜。

戴逵接续王充破除迷信的思想，对因果报应和生死轮回说做了深入批判，他的思想在命定论、质疑因果报应、否定人死为鬼等方面明显受到王充的影响和启发。戴逵主张分命说，并以此作为批判因果报应说的武器。所谓分命，即"人资二仪之性以生，禀五常之气以育，性有修短之期，故有彭殇之殊，气

有精粗之异，亦有贤愚之别，此自然之定理，不可移者也"①，
"贤愚善恶，修短穷达，各有分命，非积行之所致也"②。戴逵
认为，人之生资阴阳之性、秉五常之气，由此决定了人寿命的
长短，人性的贤愚、善恶和富贵贫贱，这些都是天生的，不可
改变，和人后天的行为没有关系。这和王充关于命的思想近乎
一致。王充提出"凡人遇偶及遭累害，皆由命也。有死生寿夭
之命，亦有贵贱贫富之命"（《论衡·命禄篇》），并且认为"命，谓初所
禀得而生也"（《论衡·初禀篇》），即得自天地之气。两者相比较，可以
看出戴逵分命说来自王充的命定论。戴逵对因果报应的批判也
深受王充影响，他以自身遭际为例论证因果报应的不可靠：

> 弟子常览经典，皆以祸福之来，由于积行，是以自少
> 束修，至于白首，行不负于所知，言不伤于物类，而一生
> 艰楚，荼毒备经……始知修短穷达，自有定分，积善积恶
> 之谈，盖是劝教之言耳。③

戴逵从自身经历出发，对因果报应说做出驳斥，他回顾自

---

① 严可均校辑：《全上古三代秦汉三国六朝文·全晋文》，中华书局1958年版，第
2251页。

② 严可均校辑：《全上古三代秦汉三国六朝文·全晋文》，中华书局1958年版，第
2251页。

③ 严可均校辑：《全上古三代秦汉三国六朝文·全晋文》，中华书局1958年版，第
2249页。

己一生，所读之书都宣扬祸福和人的行为有关，行善得善报、作恶有恶报，但是他自幼即对行为约束检点，努力践行知行合一，也从未说过伤害别人的话，结果却遭尽各种社会蹂躏，最终他醒悟过来，把人生的得失穷通归结于命，至于行善得善报、作恶有恶报的道理，大概是圣贤劝勉别人行善的话罢了，当不得真。戴逵关于因果报应说是圣贤通过神道设教劝勉别人行善的认识，也和王充高度一致。

戴逵就因果报应问题，和东晋高僧慧远及其世俗弟子周续之曾经往来书信，反复辩难，其核心理论就是分命说，并以历史事实为效验，驳斥因果报应之说为虚妄：

> 尧舜大圣，朱均是育，瞽叟下愚，诞生有舜，颜回大贤，早夭绝嗣，商臣极恶，令胤克昌，夷叔至仁，饿死穷山，盗跖肆虐，富乐自终，比干忠正，毙不旋踵，张汤酷吏，七世珥貂，凡此比类，不可称数。验之圣贤既如彼，求之常人又如此，故知贤愚善恶，修短穷达，各有分命，非积行之所致也。①

尧舜都是圣王，却生下丹朱、商均这等不肖之子；瞽叟又蠢又坏，却有舜这么优秀的儿子；颜回是大贤人，多次被孔子

---

① 严可均校辑：《全上古三代秦汉三国六朝文·全晋文》，中华书局1958年版，第2251页。

称赞，却短命早死还没有后代；楚穆王商臣弑父杀弟，做了四十余年君主还有楚庄王这样的霸主儿子，且后代昌盛；伯夷叔齐德性至仁，却饿死在首阳山；盗跖无恶不作，终生安享富乐；比干忠贞不渝，却被处死；张汤是杀人不眨眼的酷吏，后世子孙却七世富贵。这样的例子不可胜数，无论是从圣贤的遭际来看还是从平常人的生平来看，贤能愚蠢、性善性恶、命短命长、发达落魄，都是命中注定，与行善还是作恶无关。

戴逵不仅在批判因果报应说方面受王充影响很大，还继承了王充关于形与神关系的思想批判神不灭说，其残存《流火赋》"火凭薪以传焰，人资气以享年；苟薪气之有歇，何年焰之恒延"①，即用王充以火喻人之精神的理论，反驳神脱离形体而独存的说法。

对王充形与神理论做进一步发展的是范缜，比较王充"人之所以生者，精气也，死而精气灭，能为精气者，血脉也。人死血脉竭，竭而精气灭，灭而形体朽，朽而成灰土，何用为鬼"（《论衡·论死篇》）的思想和范缜"神即形也，形即神也，是以形存则神存，形谢则神灭也"②的思想，可以发现其内在的一致性。特别是关于神对形的依附关系的论述，王充的观点对范缜有重要启示，王充指出："天下无独燃之火，世间安得有无体独知之精？"（《论衡·论死篇》）受此启发，范缜将形与神的关系比作刀与锋的

---

① 严可均校辑：《全上古三代秦汉三国六朝文·全晋文》，中华书局1958年版，第2249页。

② 姚思廉撰：《梁书·儒林列传》，中华书局1973年版，第665页。

关系，神之依附于形，就如同锋利依附于刀，"未闻刀没而利存，岂容形亡而神在"①。清人熊伯龙指出："昔齐范缜著《神灭论》，言'神之于形，犹利之于刃也，未容刃没而利尚存，岂容形止而神尚在'，与仲任同意。"②对于范缜与王充思想的内在联系的分析，十分有见地。

　　受王充影响最大的当是熊伯龙本人，他撰有《无何集》，这本书的本名就叫《论衡精选》，他在解释《无何集》成书时说："余博览古书，取释疑解惑之说，以《论衡》为最。特摘其尤者，参以他论，辅以管见，名曰《无何集》。"③熊伯龙全面继承王充反对鬼神、反对因果报应以及反对天人相与之际理论的思想，"《论衡》说未畅者，引他说以申之……说未及者，取他说以补之"④，目的也是和王充一样，将人们从迷信鬼神福报的迷雾中唤醒。为了推尊王充，熊伯龙甚至不惜曲解王充本意，将《问孔篇》《刺孟篇》说成是后人伪作，并大赞王充明圣人之道的功劳："《论衡》者，入德之门也。《论衡》之教兴，圣人之道明。"⑤理由是人们读了《论衡》中对神鬼福报等迷信思想的批判，就会不再信这些，转而相信圣贤的说教。

---

① 姚思廉撰：《梁书·儒林列传》，中华书局1973年版，第666页。

② 熊伯龙：《无何集》，中华书局1979年版，第119页。

③ 熊伯龙：《无何集》，中华书局1979年版，第6页。

④ 熊伯龙：《无何集》，中华书局1979年版，第4页。

⑤ 熊伯龙：《无何集》，中华书局1979年版，第14页。

二、对王充的历史评价

对王充较早做充分肯定的是东晋葛洪，他所著的《抱朴子·喻蔽》，即专门为王充《论衡》所作，葛洪称赞"王仲任作《论衡》八十余篇，为冠伦大才"，并对同门鲁生批评王充篇帙繁芜、出入儒墨、"属词比义，又不尽美"做了反驳，称"王生学博才大"，自然必须篇累卷积。至于出入儒墨更不成问题，他打比方说就像治病的药方有千百种一样，针灸也不会只扎一个地方，只要能治好病就是合理的。南朝文学评论家刘勰对王充也十分看重，他评价《论衡》为传世"巨文"①。刘知幾在《史通·自叙》中充分肯定王充针对儒者之书"传兹抵牾，自相欺惑"②的廓清扫除之功。韩愈所撰《后汉三贤赞》将王充与王符、仲长统并列为"东汉三贤"。明代思想家李贽对儒家经典的质疑则继承了王充《问孔篇》《刺孟篇》《非韩篇》的精神："夫《六经》《语》《孟》，非其史官过为褒崇之词，则其臣子极为赞美之语。又不然，则其迂阔门徒，懵懂弟子，记忆师说，有头无尾，得后遗前，随其所见，笔之于书。后学不察，便谓出自圣人之口也，决定目之为经矣，孰知其大半非圣人之言乎？纵出自圣人，要亦有为而发，不过因病发药，随时处方，以救此一等懵懂弟子，迂阔门徒云耳。药医假病，方难定执，是岂

---

① 《文心雕龙·神思》："相如含笔而腐毫，扬雄辍翰而惊梦，桓谭疾感于苦思，王充气竭于思虑，张衡研《京》以十年，左思练《都》以一纪，虽有巨文，亦思之缓也。"

② 白云译注：《史通·自叙》，中华书局2014年版，第495页。

可遽以为万世之至论乎？"①李贽对《六经》《论语》《孟子》的批评，与王充"夫贤圣下笔造文，用意详审，尚未可谓尽得实，况仓卒吐言，安能皆是"的质疑一脉相承。

明清之际的大变局促使知识精英对传统思想学说做了深刻反思，王夫之等人清算天人感应神秘论时，将王充推为秦汉时代质疑天人感应的代表："变复之术，王充哂之，亦知言者夫！"②

王充破除迷信的思想和对虚无缥缈的天人相与之际理论的订正，对戴逵、范缜等有识之士产生了深刻的影响，也获得葛洪、刘勰、刘知幾、李贽、王夫之等人的称赞。但王充实事疾妄的态度和他独立的精神，也受到后世许多人的责难。一些人见不得王充对孔孟的质疑，也看不惯他据实直书其父祖之劣迹，更看不惯他对雷、龙等他们所崇拜的神灵的质疑，因而大张挞伐。南宋的黄震指责《论衡》持论过激，有损圣贤："甚至讥孔、孟而尊老子，抑殷、周而夸大汉，谓龙无灵，谓雷无威，谓天地无生育之恩，而譬之人身之生虮虱，欲以尽废天地百神之祀……故不自知其轻重，失平如此。"③胡应麟在肯定王充"生茅靡澜倒之辰，而独岿然自信，攘臂其间，划虚黜增，订讹斩伪，诐淫之旨，遏截弗行，俾后世人人咸得藉为口实，不可谓非特立之士也"，以及"至精见越识足以破战国以来浮诡不根

---

① 李贽：《焚书·童心说》，中华书局2009年版，第99页。

② 王夫之：《周易外传》，中华书局1977年版，第186页。

③ 黄震撰：《黄氏日钞·论衡》，大象出版社2019年版，第77页。

之习，则东西京前，邈焉罕睹"的同时，又批评王充"特其偏愎自是，放言不伦，稍不当心，上圣大贤咸在诃斥。至于《问孔》《刺孟》等篇而辟邪之功不足以赎其横议之罪矣"①。

四库馆臣批评王充非圣诬法、露才扬己："《刺孟》《问孔》二篇，至于奋其笔端，以与圣贤相轧，可谓悖矣。又露才扬己，好为物先。至于述其祖父顽很，以自表所长，慎亦甚焉。"②这一派最后由乾隆作总结："兹因校四库一书，始得其（指《论衡》）全卷而读之，乃知其背经离道，好奇立异之人，而欲以言传者也。……则已有犯非圣无法之诛。即有韪其言者，亦不过同其乱世惑民之流耳，君子必不为也。"③

新文化运动以来，随着传统政治制度的崩溃和西学东渐，学者们对王充思想学说价值的认识越来越深刻，评价也越来越高。在此之前，章太炎已经高度赞扬王充实事求是、勇于怀疑的精神，"华言积而不足以昭事理，故王充始变其术……正虚妄，审向背，怀疑之论，分析百端，有所发摘，不避上圣。汉得一人焉，足以振耻，至于今亦鲜有能逮之者也"④。此后，王充思想的价值越来越被认可，胡适称王充是"中国古代最伟大的哲学家之一"，是"我喜欢的哲学家"⑤。胡适总结王充思想

---

① 胡应麟撰：《少室山房笔丛·九流绪论》，上海书店出版社2009年版，第275页。
② 永瑢等撰：《四库全书总目·论衡三十卷》，中华书局1965年版，第1032页。
③ 王充：《论衡校释》，中华书局1990年版，第1245页。
④ 章太炎撰：《国故论衡疏证·论式》，中华书局2008年版，第389页。
⑤ 胡适：《胡适学术文集·中国哲学史》（上册），中华书局1991年版，第557页。

的突出特征在于批判性、实证性和科学性，这在体制化儒家思想占统治地位的古代社会中独树一帜，发挥了引导思想转折的巨大作用："王充以来，中古思想起了两种变局：第一是批评精神的发达，第二是道家思想的风行。"①蔡元培肯定王充敢于冲破官方思想的禁锢而大胆批判、创建己说："于一切阴阳灾异及神仙之说，捣击不遗余力，一以其所经验者为断，粹然经验派之哲学也。"②新文化运动后，新儒家冯友兰、牟宗三等人，在正面肯定王充学说中科学精神和怀疑精神的同时，亦指出其缺乏深刻的人文内涵，对人的生命生存状态理解不足等局限性。20世纪30年代，以侯外庐等为代表的马克思主义学者发现了王充在唯物论方面的贡献，把他列为中国古代唯物主义思想家之一，并影响至今。

---

① 胡适：《胡适学术文集·中国哲学史》（上册），中华书局1991年版，第487页。

② 蔡元培：《中国伦理学史》，商务印书馆1999年版，第60页。

第二节　王充的浙学史地位与当代价值

在浙江学术思想史上，王充是里程碑式的人物。浙江地区原创性学术思想的源头，据现有资料，只能上溯到王充。王充"实事疾妄"和"通经致用"的思想，对浙江事功学派产生了巨大影响，其学术思想和关于当时经学、宗教、民俗等方面的记述，保留了丰富的资料，对我们重新认识那个时代的社会、习俗、学术等具有重要价值。

一、王充的浙学史地位

前已言之，两汉之前，吴越之地皆是断发文身的文化，与中原主流文化有较大的差异，春秋末期，伍子胥对此有十分清楚的认识。据《吕氏春秋·贵直论》载：

> 吴王夫差将伐齐，子胥曰："不可。夫齐之与吴也，习俗不同，言语不通，我得其地不能处，得其民不得使。夫吴之与越也，接土邻境，壤交通属，习俗同，言语通，我

得其地能处之，得其民能使之。越于我亦然。"①

　　这段文字说明了那时的浙江地区在语言和风俗文化方面与中原地区迥异。虽然越国大地在勾践时期，由于计然、范蠡、文种等中原文化精英的到来与中原文化进行了一次大交流，浙江大地上也深深打上了他们思想的烙印，但总体来说，浙江当时仍然属于文化落后地区，并未产生有影响力的学者。浙江地区与中原地区的文化进行第二次深入交流是在汉武帝时期，汉武帝罢黜百家、表章六经，以儒学为官学，并在全国郡县建立学校推行儒学教育，使浙江加速融入中原文化圈。在王充之前，浙江地区并没有产生有全国影响力的学者，严忌仅以辞赋著称，严光名声虽高，但作为"不事王侯，高尚其事"的隐士，并无著述传世。其余如王充所着重表彰的周长生、吴平，放在全国来说并非出类拔萃之人。与王充同时的赵晔，作为韩诗学派的传人，在当时学术界有一定的地位和全国性影响，但就其学术思想的独创性而言，与王充并不在同一个层次。胡应麟评价王充说，"至精见越识足以破战国以来浮诡不根之习，则东西京前，邈焉罕睹"②，可以说是对王充学术思想独创性的最恰当的肯定。不仅在整个浙江大地，就是放在全国，王充都是独一无二的存在。在浙学史上，王充可谓划时代的巨子。

---

① 陆玖译注：《吕氏春秋·贵直论》，中华书局2011年版，第864页。

② 胡应麟撰：《少室山房笔丛·九流绪论》，上海书店出版社2009年版，第275页。

吴光先生指出，"关于'浙学'的内涵，应该作狭义、中义与广义的区分。狭义的'浙学'（或称'小浙学'）概念是指发端于北宋、形成于南宋永嘉、永康地区的以陈傅良、叶适、陈亮为代表的浙东事功之学；中义的'浙学'概念是指渊源于东汉、酝酿形成于两宋、转型于明代、发扬光大于清代的浙东经史之学，包括东汉会稽王充的'实事疾妄'之学、两宋金华之学、永嘉之学、永康之学、四明之学以及明代王阳明心学、刘蕺山慎独之学和清代以黄宗羲、万斯同、全祖望为代表的浙东经史之学；广义的'浙学'概念即'大浙学'概念，指的是渊源于古越、繁荣兴盛于宋元明清而绵延泽惠于现当代的浙江学术思想传统与人文精神传统"①。他将王充作为中义浙学的源头，是恰如其分的。王充对浙学的贡献，主要有以下几点。

第一，提倡实事疾妄的治学精神和独立思考的学术风格，并建立以效验为基本原则的方法论和认识论。

王充能够坚持独立思考，对当时居主流学术地位的今文经学和来自孔子、孟子等权威的说教以及民间相沿已久、积非成是的习俗、信仰、知识敢于质疑、勇于挑战，并用效验的方法检验其真伪。凭着生活经验和直觉，王充觉察到"言语之次，空生虚妄之美；功名之下，常有非实之加"，"儒者说五经，多失其实。前儒不见本末，空生虚说"之弊，决心"明辨然否"，故作《论衡》。他不仅提出"实事疾妄"的目标，还提出"考之

---

① 吴光：《简论"浙学"的内涵及其基本精神》，载《浙江社会科学》2004年第6期。

以心，效之以事，浮虚之事，辄立证验"的方法，从而使实事疾妄落到了实处。所谓考之以心，就是运用所掌握的知识经验做理性分析；所谓效之以事，就是通过考察事件的实际效果来验证是非。

王充指出，"事莫明于有效，论莫定于有证"（《论衡·薄葬篇》），"凡天下之事，不可增损，考察前后，效验自列。自列，则是非之实有所定矣"（《论衡·语增篇》）。判别事物和理论真伪最好的办法就是看其效果和验证的结果。检验的途径就是完整地考察事物和理论过程，从开端到结束，仔细考察前因后果之间的联系，那么其有效无效就会自然而然地呈现，据此便可断定是非真伪。考察过程中要注意"揆端推类、原始见终""按兆察迹、推事原委"，即通过考察事物的苗头而加以类推，判断事物的开端和它的结果之间的关系；通过考察事情的征兆和迹象，根据同类事物推论其结果。故王充在《知实篇》中说："凡论事者，违实不引效验，则虽甘义繁说，众不见信。""事有证验，以效实然。"讲论事理，没有事实做依据，又举不出有实效的证据，即使道理讲得再动听、说得再多，大家也还是不相信。要让大家相信，必须列举出这种看法的证据，证明事实确实就是这样。

当然，王充也注意到假象对判断事物和理论真伪的干扰，有些所谓事实，其实仔细分析并非真的就是事实。比如墨家认为人死而为鬼，以杜伯被周宣王枉杀化为鬼报复周宣王为例进行效验，再比如，很多人在病中声称自己见到了鬼。所以，为了避免这种情况，王充又引入"考之以心"，在《薄葬篇》中指出：

> 夫论不留精澄意，苟以外效立事是非，信闻见于外，不诠订于内，是用耳目论，不以心意议也。夫以耳目论，则以虚象为言；虚象效，则以实事为非。是故是非者不徒耳目，必开心意。

所谓虚象，就是被误认为是事实的假象，以假象为理论或事物之效验，不加以理性分析，就会被误导，最终以实事为非。"不以心而原物，苟信闻见，则虽效验章明，犹为失实。"（《论衡·薄葬篇》）"以心原物"和"考之以心"的重要方法就是"方比物类"，即用类比和演绎的方法，推及同类或类似的事物去检验虚实，如果是真实有效的，就不会只是偶然、单一的现象，应该适用于同类事物。

王充实事疾妄的治学风格和"效验"的理论方法，为浙学奠定了基本的学术风格和方法论，开浙江实学之先声。吴光先生称王充为浙学开山祖师，良有以也。

第二，王充所构建的"疾虚妄"的体系，对自战国乃至远古以来笼罩在人们头上的天人相与之际理论、迷信思潮、书传记载之误和今文经学家穿凿附会的理论体系，做了系统而深刻的批判，对清除这些错误思潮、理论、学说、知识的影响有廓清摧陷之功，是浙学对中国学术作出的杰出贡献。

王充通过对天、日等的考察，确立了天道自然无为的理论，并将其作为理论武器，系统批判天人相与之际学说，较为彻底地清算了变复家、灾异家所主张的天象人事间存在对应关系的学说，明确提出"上天之心，在圣人之胸；及其谴告，在圣人之口。不信圣人之言，反然灾异之气，求索上天之意，何其远哉"（《论衡·谴告篇》），主张与其敬畏虚无缥缈的天意，不如尊重圣贤，把国家的善治建立在尊贤使能的基础之上。王充又通过仔细的考察，对各种迷信思潮予以批判，包括民间流行的各种禁忌、龙雷崇拜、因果报应、死而为鬼、卜筮等，目的在于解除强加在人们身上的各种束缚。此外，王充还通过分析，对书传记载之误和各种浮夸之词予以澄清，并揭示出书传之所以浮夸，在于"世俗之性，好奇怪之语，说虚妄之文。何则？实事不能快意，而华虚惊耳动心也。是故才能之士，好谈论者，增益实事，为美盛之语；用笔墨者，造生空文，为虚妄之传"（《论衡·对作篇》）。

难能可贵的是，王充对当时居于官学地位的今文经学理论的质疑，显示出他独立思考、不迷信权威的精神，就连批评者也不得不承认王充"不可谓非特立之士"[1]。自汉武帝罢黜百家、表章六经之后，今文经学就被立为官学，成为汉帝国的大经大法，具有"国宪"的地位。王充入太学，虽然师事喜好古文经学的班彪，但当时太学传授的经典依然是今文经学，古文经学尚未立学官。因此，今文经学是当时思想理论界的唯一权

---

[1]　胡应麟撰：《少室山房笔丛·九流绪论》，上海书店出版社2009年版，第275页。

威。虽然自刘歆以来，包括陈元在内的古文经学家做过多方努力，但无奈今文经学派势力太大，在他们的强力压制下，古文经学在王充那个时代仍未有出头之日。更为可贵的是，王充对今文经学的批判，并非基于古文经学的立场，而是在实事疾妄思想的指引下，对今文经学喜欢穿凿附会、神话自身的特点予以有针对性的批判和证伪，还经学以本来的面目。尤其是他对今文经学三世说的批判，从理论体系上动摇了今文经学的根基。对《尚书》篇数说、《春秋》十二公效法十二月说的批判，起到了为今文经学去魅的作用。

王充所建构的实事疾妄的体系及其对天人相与之际理论、迷信思潮、书传记载之误和今文经学附会之说的清算，既体现了王充的远见卓识和大无畏的勇气，更是对当时学术界所做的划时代的贡献。王充的出现，一定程度上提升了浙学在我国学术思想史上的地位。

第三，王充通经致用的思想代表浙江实用主义特色的文化与讲求价值理性的中原儒学的融合，是浙江文化与中原文化交流的结果，也对后世浙学产生了深远的影响。

出生于古越大地的王充身上带有深深的越国文化实用主义的烙印，家庭的商贸经历更让他对经世致用有了深切的体会。因此，王充对待中原儒学的态度，与同时代另一位著名的学者赵晔不同。赵晔几乎全盘继承杜抚的韩诗学说，并成为韩诗学派最重要的传人之一；王充学习中原儒学的目的更在于求真求实，而不是传承经学。他服膺于经学"留意于仁义之际"的价值理性，称赞"五经亦汉家之所立，儒生善政，大义皆出其中"（《论衡·程材篇》），并且认为"五经以道为务，事不如道，道行事立，无道不成"（《论衡·程材篇》），把经学视为根本之学。但王充并不盲从经学，他以流淌在血液里古越大地求实致用的精神来检验中原儒学，很快便发现今文经学的积弊，即儒生们徒能记诵先师古语，严守师法家法，死守章句不知问难，因而空疏卑陋。他把这类儒生称为"世儒"，批判他们墨守师说成规，"坐守师法、不颇博览"，"不览古今，所知不过守信经文，滑习章句，解剥互错，分明乖异"（《论衡·谢短篇》）。同时他也以儒学价值理性来反省家乡那种专趋时务的实用主义之学，批评浙江地区的世俗学者，"不肯竟经明学，深知古今"，为走入仕的捷径，选择一家经师治章句之学，"义理略具，趋学史书，读律讽令，治请奏，习对向，滑习跪拜"（《论衡·程材篇》），谋个文吏之职是舍本逐末、大错特错。这反映了王充欲用儒学价值理性统摄功利主义、用经世致用思想改造渐趋没落的经学的学术旨趣。在此基础之上，王充提出文儒、通人、鸿儒的概念，并提出以博览经史百家弥补经学自身不足的设想，"夫古今之事，百家之言，其为深多也"（《论衡·别通篇》），"知屋漏者在宇下，知政失者在草野，知经误者在诸子。诸子尺书，文明实是"（《论衡·书解篇》）。他主张在博览经史百家之言的基础上，培养既明大道、又能经世致用的通人，反映了王充既要通经又要致用，致用以通经为前提，通经以致用为皈依的思想。

王充通经致用的思想对后世浙学影响很大，度越千载，在崛起于南宋的事功学派身上，我们又看到了王充所提倡的通经致用精神。事功学派追求学术与事功的统一，讲求实事实功、经世致用。代表人物之一叶适针对当时流行的"务虚而不务实"的学风做了严厉的批判，提出"将求今世之实谋，必先息今世之虚论"①的主张，力倡理事结合，"义利并立""以利合义"。叶适还继承了王充实事疾妄的精神和"效验"的主张，提出："夫欲折衷天下之义理，必尽考详天下之事物而后不谬。"②他认为"无验于事者其言不合，无考于器者其道不化，论高而违实，是又不可也"③，要以事实来检验言论的真理性，以实用性来考察道的真伪。同样的还有陈亮，一生致力于经世致用、开物成务。这些都是对王充通经致用思想的传承和弘扬。

二、王充学说的当代价值

王充的思想学说，是中华民族优秀传统文化的重要组成部分，在今天依然闪耀着光芒，为我们提供了强大的精神力量。

一是其独立的精神。王充留给我们最宝贵的精神财富是其独立的精神，在当时的意识形态领域，今文经学占据统治地位，通经入仕成为绝大多数士子的追求。王充继承孔子"忧道不忧贫"的精神，坚持独立自主地考察今文经学，并对今文经学家空疏的学风和穿凿附会的理论体系展开尖锐的批判。同时，他

---

① 叶适：《叶适集》，中华书局2010年版，第764页。

② 叶适：《叶适集》，中华书局2010年版，第614页。

③ 叶适：《叶适集》，中华书局2010年版，第694页。

不畏权威，对孔子、孟子、韩非子、董仲舒等思想理论界的权威敢于问难，订正他们的错误。《论衡》中许多思想观点的原创性，在当时是独一无二的，属于从0到1，这种原创就需要坚持独立思考，敢于挑战理论权威，打破理论界的陈规陋俗。

没有独立的精神，就不会有原创，也就不会实现从0到1的突破。王充独立的精神，在今天依然带给我们很多启示，激励我们在学术思想领域、社会治理领域和科学技术领域坚持独立思考、大胆创新。

二是其实事疾妄的精神。实事疾妄包含实事和疾妄两个层面。实事就是实事求是，讲求事物的真实性和道理的真理性。疾妄就是痛恨虚假的事物和谬误并对其进行批判。两者有密切的联系，不可分离。实事疾妄既是一种科学精神，也是一种道义担当。王充曾说过："故夫贤人之在世也，进则尽忠宣化，以明朝廷；退则称论贬说，以觉失俗。俗也不知还，则立道轻为非；论者不追救，则迷乱不觉悟。"（《论衡·对作篇》）贤者之在世应该有所担当，尽忠宣化，为国家长治久安出谋划策，为社会的风清气正尽心尽力；称论贬说，用现在的话讲就是评论社会是非，给人们以正确的引导，使社会迷途知返。王充著《论衡》，就是为社会建立正确的标准。衡是古代的秤，这里引申为标准，论衡就是建立言论的正确标准。

在当今时代，我们既要学习王充实事求是的科学精神，更要学习王充"疾虚妄"的担当精神，这是中华民族优秀传统文化中最重要的内涵之一——贤人的品格。

三是其在《论衡》中保留的大量珍贵资料，为我们进一步认识汉代的社会、习俗、宗教、学术等提供了宝贵的佐证和新的视角，而过去学术界对这一点的重视程度不够。

在《正说篇》中，对于今文《尚书》的流传和篇数，王充即提供了与《史记》之《儒林列传》《晁错列传》、《汉书》之《艺文志》《晁错传》不同的说法。关于伏生传授《尚书》一事，《史记》《汉书》皆谓"秦时焚书，伏生壁藏之。其后兵大起，流亡，汉定，伏生求其书，亡数十篇，独得二十九篇，即以教于齐鲁之间"①；王充则以为秦焚书时"济南伏生抱百篇藏于山中"。《史记》《汉书》以为晁错前往受《尚书》均是在文帝时，"孝文帝时，欲求能治《尚书》者，天下无有，乃闻伏生能治，欲召之。是时伏生年九十余，老，不能行，于是乃诏太常使掌故晁错往受之"②；王充独以为是在景帝时。《史记》《汉书》以为今文《尚书》二十九篇，是伏生在汉兴后求其所藏《尚书》时仅剩二十九篇，其余都亡佚了；王充则以为"景帝遣晁错往从受《尚书》二十余篇。伏生老死，《书》残不竟，晁错传于倪宽。至孝宣皇帝之时，河内女子发老屋，得逸《易》《礼》《尚书》各一篇，奏之。宣帝下示博士，然后《易》《礼》《尚书》各益一篇，而《尚书》二十九篇始定矣"（《论衡·正说篇》）。按照王充的说法，二十余篇乃是伏生传给晁错的《尚书》，再加

---

① 司马迁撰：《史记·儒林列传》，中华书局1982年版，第3124—3125页。

② 司马迁撰：《史记·儒林列传》，中华书局1982年版，第3124页。

上河间女子在拆除自家老屋时所发现的一篇，才是今文《尚书》二十九篇的来源，至于伏生所传的《尚书》，王充以为当是足本，所以他才说"伏生老死，《书》残不竟"。王充的这些不同说法，固然不一定全对，但给我们提供了考察今文《尚书》成书及流传的另一个视角。

此外，王充在《道虚篇》所批判的关于道家修炼的荒谬传说和理论，不仅揭示了东汉初年甚至更早时期道家已经与神仙修炼之事相融合的现象，也为我们认识原始道教的发展提供了素材。王充关于忌讳、祸祟、太岁信仰等的批判，又为我们研究东汉初年的民俗留下了宝贵的资料。

当然，王充不是完美的，《论衡》一书也并非完美无瑕，正如前人所指出的那样，王充对天人相与之际理论和思想界权威的质疑和批判虽然极其宝贵，但也存在"辩乎其所弗必辩，疑乎其所弗当疑"的情况，甚至有些质疑源于王充误读原文。

比如，《书虚篇》辩季札指使采薪者取路上遗金一事，以为"世以为然，殆虚言也"。但王充对原文的理解显然有问题，据王充所引原文为：

> 延陵季子出游，见路有遗金。当夏五月，有披裘而薪者，季子呼薪者曰："取彼地金来。"薪者投镰于地，瞋目拂手而言曰："何子居之高，视之下，仪貌之壮，语言之野也！吾当夏五月，披裘而薪，岂取金者哉？"季子谢之，请问姓字。薪者曰："子皮相之士也！何足语姓字！"遂去

不顾。

按照原文的意思，这个故事讲的是季札出游，见路上有别人丢失的金子。正巧这时他遇到了一个在炎热的五月尚穿着皮衣打柴的樵夫。季札见他可怜，就唤他捡地上的金子，希望以此改善他的生活，却遭到樵夫的鄙视，并拒绝了季札问他姓名的请求。原文并不难理解，但王充却把文章的意思误读成季札要贪路上的遗金，呼叱樵夫为他捡起。所以王充所辩始终围绕季札非贪路上遗金之人，并花大量笔墨论证季札有廉让之行，不肯接受吴国王位，又把自己的宝剑赠予死去的徐君，所以不可能贪求路上遗金。他论证季札出行宜有随从，即使贪求遗金也会让随从人员捡起来，不可能指使一个陌生的樵夫。因此，他断定此事为假。在下了这样的断语后，王充又莫名其妙地解释说："或时季子实见遗金，怜披裘薪者，欲以益之；或时言取彼地金，欲以予薪者，不自取也。世俗传言，则言季子取遗金也。"王充所谓的"世俗传言"就是"传书言"，只恐传言非误，只是王充误读。

又如，《儒增篇》所辩"文、武之隆，遗在成、康，刑错不用四十余年"，"楚养由基善射，射一杨叶，百发能百中之"，"董仲舒读《春秋》，专精一思，志不在他，三年不窥园菜"等等为夸大，以为"文、武虽盛，不能使刑不用"，"夫言其时射一杨叶中之，可也；言其百发而百中，增之也"，"仲舒虽精，亦时解休，解休之间，犹宜游于门庭之侧；则能至门庭，何嫌不窥园菜"等，完全是因为他没理解夸张的修辞手段。《艺增篇》所辩《尚书》所载"协和万国"，以及《诗经》之句"鹤鸣九皋，声闻于天""维周黎民，靡有孑遗"，以为"言协和方外，可也；言万国，增之也"，"言其闻于天，增之也"，"言无孑遗一人，增之也"，更是属于误读。

此外，王充在《治期篇》对"世谓古人君贤，则道德施行，施行则功成治安；人君不肖，则道德顿废，顿废则功败治乱"的批判，也存在一定问题。王充笃信天命，坚持"国之安危，皆在命时，非人力也"，否认国家兴亡与君主治理是否得当之间存在任何联系，他认为"故世治非贤圣之功，衰乱非无道之致。国当衰乱，贤圣不能盛；时当治，恶人不能乱。世之治乱，在时不在政；国之安危，在数不在教。贤不贤之君，明不明之政，无能损益"。这些观点反映了他的历史局限性。

总体而言，王充是我国古代杰出的思想家，也是浙学史上划时代的巨子，他的思想对后世影响深远，是中华民族宝贵的优秀文化遗产和精神财富。由于历史的局限性，他也存在这样那样的不足。我们在继承和弘扬王充留下的精神财富时，不宜过度苛责古人，宜取其精华去其糟粕。

后 记

　　"浙学大家"丛书，是浙江省重大社科专项课题之一，也是展现浙江历史文化精华的重要丛书之一，由浙江省文史研究馆组织学者具体开展实施，王充则是这套丛书的开篇人物。接到写作任务，我便意识到这是一个不小的挑战。一是学术界对王充的研究成果已经比较多了，徐复观、吴光、周桂钿等前辈均有享誉学界的成果。二是时间紧，大约只有半年。三是字数有统一要求，不能太多。如何辗转腾挪，在有限的篇幅中展现王充丰富的学术思想，对我来说是一大考验。怎样才能写好，可能不仅是我一个人的问题，而是这套丛书作者所面临的共同难题，尽管大家都有相当的研究基础。

　　从这套丛书策划的目的来看，在于宣传、展示浙江传统文化的精华，以及其对当下的借鉴意义，故而与一般的学术研究有所区别。具体而言，就是要兼顾学术性与通俗性，要全面的平实，而不要片面的深刻，以尽可能简明的框架和语言讲好王充的生平、思想及影响，让大家看得懂、看得进去，还要有所收获。应该说，这才是对我们更大的考验。

　　为了尽量接近这套丛书的规划要求，我在反复考虑之后，形成了自己的写作思路：一是突出概括性，框架设计不宜太细，但要足以概括王充的生平经历、学术思想特点、学术体系；二是突出简明性，行文尽量减少烦琐的考据和复杂的论证，化学术语言为讲话体，以讲好王充为目的；三是突出可读性，在简洁通俗的基础上，尽量接地气，打通古今的时代隔阂，让读者阅读时收获对当今生活的启示；四是突出时代性，勾勒王充学术思想的轮廓、提炼其学说价值，都应该站在今天的角度来看，从今人之需要出发。当然，限于自身水平，要在短短的几个月内完全做到这四点非常不容易。

但有方向总比没有方向好，经过艰苦的写作，目前这本小书已经定型。希望自己的努力没有白费，可以为读者在严肃的学术著作之外，提供另一种了解王充的选择。如果非文史专业的读者在阅读时感觉不到障碍，并且能看得进去，还多少有点收获的话，将是我最大的欣慰。

书中不足之处尚祈读者不吝赐正。

白效咏

2025 年 5 月 14 日于浙江工商大学